Emile DELIVET

L'EXAGÉRATION

DES

CHARGES MILITAIRES

ET LES

PRIX DE REVIENT

Ouvrage couronné par la Société d'Economie politique de Paris

LE HAVRE

Bureaux du JOURNAL DU HAVRE
9, Quai d'Orléans

Librairie René GODFROY
62, Rue Thiers

PARIS

Librairie de GUILLAUMIN & Cie
EDITEURS DU JOURNAL DES ÉCONOMISTES
Rue de Richelieu, 14.

L'EXAGÉRATION

DES

CHARGES MILITAIRES

ET LES

PRIX DE REVIENT

Ouvrage couronné par la Société d'Economie politique de Paris

Par Emile DELIVET

HAVRE
Imprimerie du JOURNAL DU HAVRE, 9, quai d'Orléans

1890

AVANT-PROPOS

Cédant à d'amicales sollicitations, je livre au public cet ouvrage hâtivement conçu, hâtivement exécuté, qui, s'il m'a coûté beaucoup d'efforts, m'en a récompensé au gré de mes plus hautes espérances, en m'assurant le suffrage de l'éminent Jury auquel la Société d'Economie politique de Paris avait confié la mission de présider au concours par elle institué sur l'initiative généreuse de M. Arthur de Marcoartu, sénateur d'Espagne.

Ce livre, qui a eu la bonne fortune de passer sous les yeux d'illustres penseurs, pour être de leur part l'objet d'un jugement favorable, contient de grands défauts que MM. les Membres du Jury n'ont pas manqué de signaler ; pourtant, quelque regret que j'aie de le voir si imparfait, je crois devoir le publier tel que je l'ai soumis au concours, ayant, pour m'y résoudre, la claire conscience que je ne saurais le retoucher sans par cela même être conduit à le refaire.

Je me suis donc borné à donner des titres à ses divers chapitres, et j'ai renoncé à faire, dès à présent, cette révision qui m'était demandée, mais que je n'aurais pu accomplir sans faire un autre ouvrage, auquel aurait alors manqué la haute appréciation que je m'honore de placer en tête de celui-ci.

Que les quelques lecteurs auxquels ce sera la destinée de ce livre d'être soumis, acceptent donc, comme vénielles, les imperfections de forme qu'ils n'auront que trop d'occasions d'y relever, et que les faiblesses d'un style non châtié ne soient pour eux qu'un motif de plus pour entreprendre l'œuvre de propagande populaire à laquelle les convie l'honorable Rapporteur du Jury : c'est mon plus ardent souhait !

L'heure est bien à ces questions, hélas !

Nous avons aujourd'hui une armée admirable, et nous en recevons de temps à autre l'officielle assurance; mais nous voyons que nos voisins possèdent aussi des armées admirables, et qu'ils en recueillent, non moins fréquemment que nous, de non moins officielles attestations.

Les discours militaires commencent à retentir comme des défis, et c'est ce moment que l'on choisit pour nous crier : « Esprits superficiels, vous ne

*» voyez donc pas que ces grands armements mili-
» taires, dont vous vous plaignez, épargnent aux
» contribuables d'Europe de bien plus lourdes
» charges; vous ne voyez donc pas que la paix est
» ainsi assurée, et que tous les peuples d'Europe,
» en se rendant mutuellement aussi redoutables,
» ont rétabli et consolidé l'équilibre européen ! »*

Que les contribuables d'Europe se le tiennent donc pour dit, bien qu'il soit malaisé pour eux, peut-être, de distinguer le grand avantage qu'ils trouvent à cette épuisante et interminable préparation d'une guerre que l'on déclare vouloir éviter, mais qu'un incident misérable déchainera, et dont le règlement ouvrira une nouvelle ère d'inévitables conflits.

L'équilibre européen ! personne n'y croit, car on fait tout ce qu'il faut pour le rompre : il comporte d'ailleurs, pour nous, une injustice trop grande et trop récemment subie.

La paix ! la vraie, si nous pouvions sincèrement la vouloir, se préparerait autrement; mais où est l'homme d'Etat que ne fera pas trembler et reculer l'écrasante, ingrate et périlleuse tâche dont elle serait le prix !

Les pays d'Europe, pourtant, devront un jour désarmer, cédant à une pression commune, car, protégés par l'Atlantique, les pays d'Amérique pourront rester affranchis de nos inquiétudes militaristes, et nous écraser, au point de vue économique, d'une manière tellement décisive qu'un rapprochement s'imposera entre les Etats européens, d'autre part sourdement minés par les progrès incessants du socialisme.

Pour moi, j'aurai atteint mon but si ce travail fournit l'irréfragable et décisive preuve de l'irréductible incompatibilité existant entre les tendances et les besoins de la société actuelle, essentiellement industrielle et cosmopolite, et les efforts militaristes des populations européennes, imbues de préjugés surannés, livrées à une intolérable oppression, impunément exploitées, grâce aux sentiments, habilement entretenus chez elles, qui ont le plus de prise sur l'esprit des hommes, et qui, comme la peur, la contagion de l'exemple, je ne sais quelles vanités puériles et quelles fantasques ardeurs, de vagues et fausses notions de justice, de plus vagues et plus fausses notions de sagesse, etc., ont pour effet, lorsqu'on les excite, de jeter le public dans la plus incohérente agitation d'idées qui se puisse concevoir, et de déchaîner, dans l'opinion, des tempêtes dont le ridicule le dispute à l'inconstance.

J'aurai encore atteint mon but si de la lecture de ce travail se dégage, comme ayant présidé à son élaboration, l'intime et profonde conviction de ce qu'à notre époque l'exagération des armements militaires ne constitue aucunement pour les Européens le moyen d'assurer à leur patrie respective la sécurité et la dignité, but officiellement assigné aux efforts entrepris.

J'aurai surtout atteint mon but si, me plaçant au point de vue purement scientifique, j'ai réussi à m'affranchir des honteux préjugés qui nous asservissent, et qui rendent encore infructueux, en tant de domaines, l'acharné labeur de l'homme. A ceux qui veulent des luttes héroïques de jeter un regard sur les pays nouveaux et d'entendre la leçon de leur siècle. S'il est du devoir des gens d'armes de batailler et de se préparer aux combats, il appartient bien plus encore aux citoyens de comprendre que le progrès n'est pas dans l'opposition, mais bien dans l'union des forces.

E. D.

CONCOURS ARTURO DE MARCOARTU

CONDITIONS DU CONCOURS

Son Excellence Don Arturo de Marcoartu, sénateur du royaume d'Espagne, ayant offert un prix de 3.000 francs au Mémoire qui ferait le mieux ressortir la fâcheuse influence de l'exagération du service et des dépenses militaires sur les intérêts des nations européennes par rapport aux autres nations du monde, la Société d'Economie politique ouvrit un concours sur le programme suivant :

« Les concurrents auront à étudier l'influence » du service militaire sur la production euro-

» péenne par rapport à la production similaire
» de l'Amérique et des autres parties du monde.
» Ils rechercheront ce qu'enlève directement
» à l'activité agricole, industrielle et commer-
» ciale, le temps passé sous les drapeaux et ce
» que leur cause indirectement de tort, le retard
» ou le trouble apporté aux débuts et à l'exer-
» cice des diverses carrières par les exigences
» du service. Ils se préoccuperont des obstacles
» qu'opposent au développement de l'esprit
» d'entreprise, aux voyages d'études ou d'af-
» faires et à la création d'établissements
» lointains, les obligations qui retiennent ou
» rappellent périodiquement à leur centre
» d'attache les citoyens soumis à la loi militaire.
» Ils relèveront, dans les pays d'Europe et
» dans les pays d'outre-mer, les chiffres affé-
» rents aux dépenses militaires. Ils en établi-
» ront la proportion par rapport au chiffre de
» la population et à celui de la richesse géné-
» rale et ils mettront ces données en regard
» des prix de revient et des prix de consom-
» mation, de façon à faire ressortir ce que
» prélève, sur la production et sur la consom-
» mation, la part de l'impôt afférente à ce
» genre de dépenses. »

COMPOSITION DU JURY

Le Jury français était composé de :

MM. Jules SIMON, Membre de l'Institut et de la Société d'Économie politique, sénateur, ancien ministre.

Léon SAY, Membre de l'Institut et premier Président de la Société d'Économie politique, sénateur, ancien ministre.

Frédéric PASSY, Membre de l'Institut et deuxième Président de la Société d'Économie politique, député de la Seine.

Les mémoires devaient être remis avant le 15 Août 1889, et m'étant sur le tard décidé à concourir, l'on peut imaginer avec quelle satisfaction je pus lire, quelques mois après, l'appréciation suivante qui fut faite de mon travail par Monsieur Frédéric PASSY, l'honorable rapporteur du Jury.

EXTRAIT DU RAPPORT

DE

M. FRÉDÉRIC PASSY

(Journal des ECONOMISTES — Février 1890)

Le Mémoire portant pour devise « Alteri ne facias quod tibi fieri non vis », bien qu'il se reſſente de la rapidité avec laquelle il a dû être écrit, eſt, au contraire, une œuvre importante qui atteſte, chez l'auteur, de sérieuses études et suppose une préparation antérieure sans laquelle il eût été impossible de traiter convenablement, en si peu de temps, un aussi vaste et si difficile sujet.

Déterminer l'influence que les dépenses militaires exercent sur les prix de revient de la production, est, en effet, un problème plus compliqué qu'on ne le pense. La formation des prix de revient est la résultante d'une foule de circonstances et de phénomènes économiques qu'il importait de signaler et de dégager pour arriver à préciser, dans la mesure du possible, le rôle spécial des dépenses militaires en cette matière.

L'auteur du mémoire s'est livré à ces recherches préliminaires dans une première partie très développée (147 pages), et remplie de renseignements statistiques des plus intéressants. Partant de ce fait, que l'altération des rapports normaux des trois termes de la production : la nature, le capital et le travail modifie profondément cette production et a une influence considérable sur les facultés de consommation des populations, il a été conduit à considérer l'effet général et particulier des charges publiques qui constituent l'une des plus graves et des plus persistantes altérations de ces rapports normaux. Ces dépenses publiques sont, il est vrai, nécessitées, en quelque mesure, par les besoins de l'organisation gouvernementale, mais cette organisation n'est pas toujours conforme à l'intérêt général. L'intervention de l'Etat est souvent funeste, par exemple, quand il accorde arbitrairement sa protection à une production aux dépens des autres industries.

Les conséquences de cette protection sont multiples ; l'auteur les signale avec beaucoup de sagacité : la principale est *la fixation factice du prix de revient et des salaires. Mais il est impossible de ne pas constater le détriment porté à l'industrie et à l'agriculture par le drainage des capitaux opéré au profit de l'Etat. C'est surtout pour faire face aux charges militaires, sans cesse croissantes, que les Etats européens se livrent à ce ruineux drainage, soit par l'impôt, soit par l'emprunt. Comment la production n'en serait-elle pas affectée, le dommage étant supérieur aux avantages résultant des transports à bon marché, de l'abondance des métaux précieux, des transformations de l'outillage industriel, etc., etc. ?*

L'auteur revient, à chaque instant, — et avec raison — sur ce qu'il appelle, d'un mot un peu barbare, l' « intrication » du problème, c'est-à-dire sur sa complexité.

Son étude préliminaire nous paraît se ressentir un peu de cette complexité ; il y règne une certaine confusion ; on se perd, quelquefois, dans son dédale de chiffres, faute d'un fil conducteur suffisamment ferme.

Dans une seconde partie, l'auteur aborde le côté moral de son sujet, tout en appuyant ses observations de quelques chiffres décisifs. Il s'élève presque à l'éloquence en flétrissant les maux de la guerre ; il envisage avec terreur l'avenir qui est réservé à l'Europe si la question d'Alsace-Lorraine ne peut se résoudre autrement que par les armes ; il montre très clairement de quel poids pèsent, sur l'Europe, les armements exagérés auxquels on se livre, et il prévoit le moment où l'industrie européenne deviendra, pour cette cause, irrémédiablement inférieure à l'industrie des pays nouveaux.

Il recherche ce qu'enlève directement à l'activité agricole, industrielle et commerciale, le temps passé sous les drapeaux, et il n'a pas de peine à démontrer que la production subit, de ce chef, un préjudice immense ; il développe son argumentation en quelques pages, bien observées, qui dénotent un bon psychologue ; il est certain que le cultivateur, l'industriel, le commerçant, n'améliorent guère, en général, leurs aptitudes spéciales pendant le temps qu'ils sont sous les armes ; ils reviennent du service, pour la plupart, moins bien outillés pour leurs fonctions.

Mais ce n'est pas seulement sur les personnes, c'est aussi sur les choses que l'accablant fardeau du militarisme se fait sentir. L'auteur retrace, à cet effet, dans les pays d'Europe et dans ceux d'outre-mer, les chiffres afférents aux dépenses militaires ; il en établit la proportion par rapport au chiffre de la population et à celui de la richeſſe générale ; il met, enfin, ces données en regard des prix de conſommation, de façon à faire reſſortir ce que prélève, sur la production et la conſommation, la part de l'impôt afférent à ce genre de dépenses. Pour ces démonſtrations, il adopte les chiffres de M. Michael-G. Mulhall et ceux de M. Ramon Fernandez.

En terminant, il évoque, encore une fois, le merveilleux eſſor économique de la jeune Amérique, et il se demande ſi, dans un temps donné, pour ne pas être écraſée par cette concurrence chaque jour plus puiſſante, la vieille Europe ne sera pas miſe dans l'obligation de procéder à un déſarmement général.

Puiſſent ces préviſions se réaliſer bientôt.

En somme, c'est un travail consciencieux, complet, mais peut-être un peu insuffisamment digéré ; évidemment le temps a manqué à l'auteur. On peut aussi regretter que la disposition matérielle en soit imparfaite. C'est un tout trop compact. Quelques divisions en chapitres auraient facilité la lecture de son mémoire. Mais ce n'est point une raison suffisante pour méconnaître la solide érudition et l'excellent esprit économique qui distinguent cet important travail.

Nous avons dû, en louant les mérites de ce mémoire, ne point taire les critiques qui, par certains côtés, peuvent lui être adressées. Mais ces critiques, nous n'hésitons pas à le redire, tiennent surtout au peu de temps dont l'auteur a pu disposer. En fin de compte, ce mémoire, après une révision qu'il est manifestement en état de bien faire, constituera un livre des plus utiles et des plus propres à éclairer une question difficile et compliquée.

Les écrivains et les orateurs, soucieux de combattre, par des arguments sérieux et précis, le fléau de la guerre et des armements exagérés qui, sous prétexte de l'écarter, la préparent trop souvent, y puiseront, sans peine, des chiffres et des faits d'une irréfutable évidence. Peut-être, il est vrai, est-ce plutôt à eux, c'est-à-dire à la classe des hommes d'études, qu'au gros du public, que s'adresse l'argumentation de l'auteur.

Pour faire de son travail une œuvre directe de propagande populaire, il y aurait lieu d'en modifier, dans une certaine mesure, la forme un peu sévère, de l'abréger peut-être et d'en extraire, en les mettant habilement en relief, les parties les plus saillantes. Mais qu'il juge à propos de faire lui-même ce résumé plus rapide de son œuvre ou qu'il laiſſe à d'autres le soin d'en extraire la moelle, il n'en aura pas moins rendu, à la cause pour laquelle il a travaillé, un service des plus appréciables, et il ne nous a paru que juſte de lui accorder, avec les éloges dus à la compétence de bon aloi dont il a fait preuve, le prix mis à notre diſposition par M. le sénateur Arturo de Marcoartu.

Alteri ne facias quod tibi fieri non vis

MÉMOIRE

PRÉSENTÉ A LA

SOCIÉTÉ D'ÉCONOMIE POLITIQUE DE PARIS

SUR

L'influence que les dépenses militaires exercent sur les prix de revient de la production

AOUT 1889

PREMIÈRE PARTIE

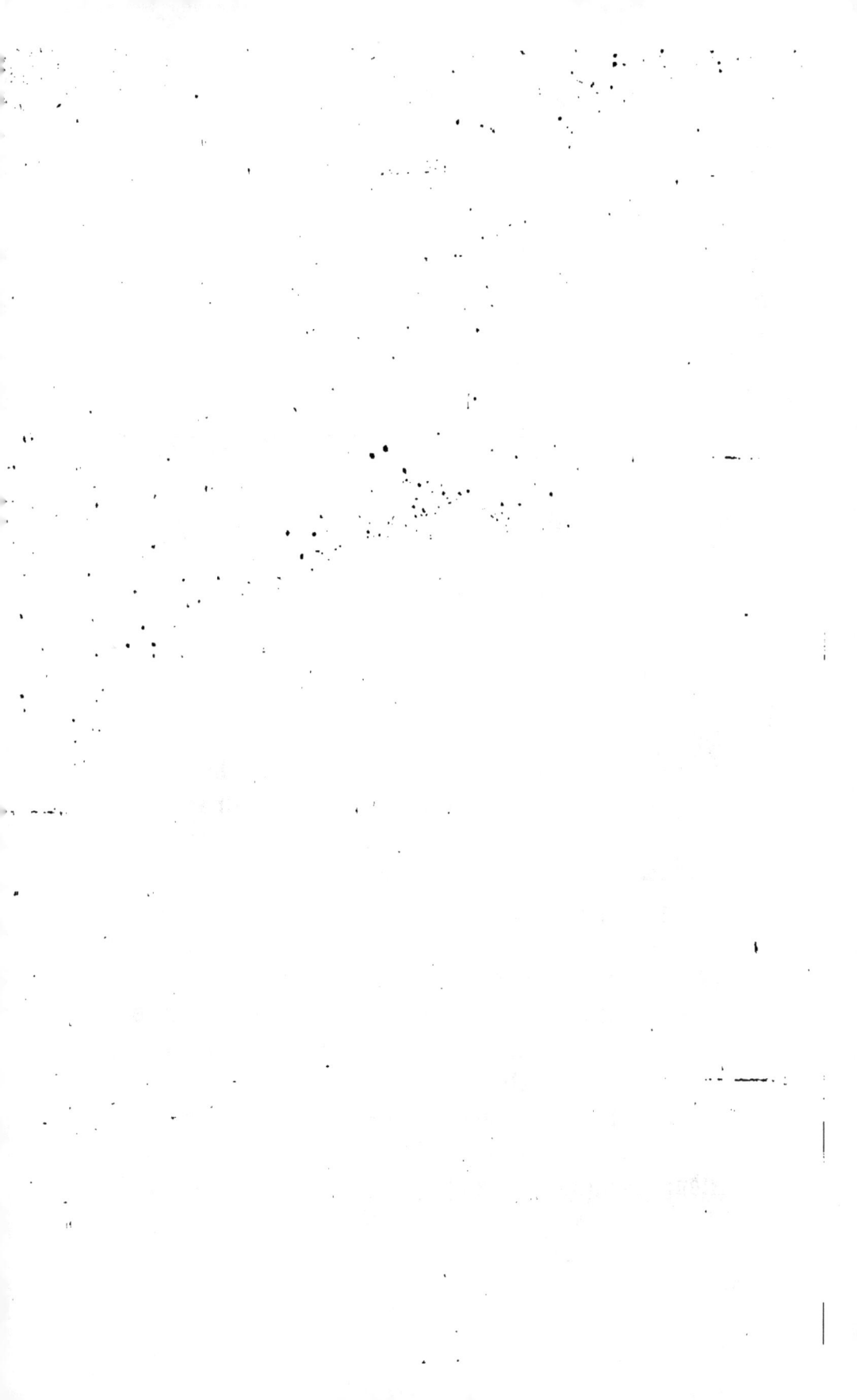

I

APERÇU RÉTROSPECTIF ET DOCTRINAL DU MOUVEMENT DES VALEURS D'ÉCHANGE

Bien qu'en commençant cette étude de l'augmentation des prix de revient par suite de l'aggravation des charges militaires, nous n'ayons pas à élaborer des prolégomènes, dont les principes économiques maintenant partout reçus, nous dispensent de la manière la plus heureuse, nous devons cependant, vu la nature et l'importance du sujet, établir d'abord le cadre de notre recherche, et déterminer le point de vue même de la question.

Le fait le plus général qui se puisse observer quant au coût des marchandises, c'est, depuis déjà de longues années, et sauf quelques cas dont l'exception est bien justifiée, un abaissement graduel et irrésistible des valeurs.

Il n'en saurait être d'ailleurs autrement, car, suivant l'expression dont se sert M. Michael G. Mulhall, dans son *History of prices* : « ce serait une » chose monstrueuse si les prix restaient les mêmes » en dépit de l'abaissement du coût des transports, » du perfectionnement des machines et de tous les » efforts du progrès scientifique. »

Cet abaissement des valeurs, quoique partout observable, n'a pas eu partout, ni dans toutes les branches économiques, la même rapidité et la même intensité, de là, des inégalités de coût, que n'expliquent pas toujours les seuls antécédents et les seules circonstances économiques de la production.

Il s'agit d'analyser assez ces inégalités pour dégager les influences, économiques ou non, qui gouvernent les valeurs, de manière à apprécier pleinement les faits spéciaux sur lesquels portent les désirata de la question.

C'est un fait universellement constaté qu'il y a rupture d'équilibre entre la production et la consommation. Les causes de ce déséquilibre sont multiples et dans nombre de cas encore confuses, si l'on descend dans le détail des mouvements qu'éprouvent constamment les prix de chaque marchandise.

Sous le rapport de la connaissance de ces causes, les spécialistes ne sont pas beaucoup plus avancés que le commun des hommes. Dans chaque article, on voit très souvent des gens qui font autorité, et qui sont du reste admirablement informés, soutenir, avec plus ou moins de bonheur, quant aux mouvements des prix, des théories très divergentes et autour desquelles se groupent les commerçants.

Ce serait une entreprise au-dessus des forces et des connaissances d'un homme, quelque heureusement placé qu'il pût être, que de prétendre classer les raisons plus ou moins immédiates des hausses et des baisses qu'éprouvent toutes les marchandises, et c'est ce que fait assez voir la remarque qui précède. La raison en est, du reste, dans ceci que les circonstances, qui paralysent constamment le libre jeu des forces de la production et de la consommation, offrent une telle masse et une telle instabilité, qu'il est matériellement impossible de prévoir, à coup sûr, quel phénomène est appelé à jouer, à un moment donné, dans un article, le rôle d'une *force de dégagement*.

Mais, sans descendre à ces détails, sur la valeur desquels il est si facile et si commun de s'abuser, comme le montre bien l'insuccès fréquent des plus prudentes et des plus habiles combinaisons industrielles et commerciales, et, en remarquant que, dans les divers lieux et les diverses années, ces circonstances, dont l'influence n'est que partielle et temporaire, se font le plus souvent compensation — en ce sens que la tendance générale des phénomènes reste assez nettement établie par les moyennes que l'on a coutume de dresser — nous pouvons pénétrer suffisamment les faits de la production pour y apercevoir, selon le but de la question posée, la part des charges militaires dans l'augmentation des prix de revient.

Dans ces limites de notre recherche, et à la lueur des principes économiques, nous pourrons donc obtenir la détermination que nous nous proposons d'atteindre, en saisissant soit par évidence, soit logiquement, les rapports nécessaires des faits que nous aurons à examiner ; et, comme notre analyse ne peut avoir pour guide que la considération des rapports normaux de la consommation et de la production, nous avons tout d'abord à prendre pour point de départ et aussi de repère, à ce point de vue, cette observation qui consiste à rappeler que, par une conséquence nécessaire, toute altération de la consommation influe sur la production et réciproquement.

Ce rappel est ici bien en place, parce qu'il nous avertit que toute intervention arbitraire, quelque bonne qu'en puisse être l'intention, a pour effet de mettre obstacle à l'action des lois naturelles, et de retentir plus ou moins désastreusement sur telle ou telle partie du système économique. En effet, toute production matérielle se composant de trois termes unis et inséparables : la nature, le capital et le travail, il en résulte qu'une modification quelconque de la production, effectuée soit directement, soit indirectement, a pour conséquence un changement correspondant des conditions relatives de ces trois termes, et qu'en même temps, toute altération spéciale de l'un ou de l'autre se répercute sur la production, c'est-à-dire sur les prix de revient et, partant, sur les facultés de la consommation.

Passant alors plus directement au problème qui nous est soumis, nous croyons pouvoir prétendre que poser la question revient à demander quel peut être l'effet général et particulier des dépenses improductives des Etats sur le coût de la production, pour en faire l'application aux dépenses militaires, qui représentent le motif le plus considérable et le plus persistant de l'augmentation des dépenses budgétaires.

Sachant que toute dépense d'Etat se traduit ordinairement par l'impôt, et extraordinairement par l'emprunt, qui n'est qu'un impôt d'abord déguisé, c'est-à-dire par des contributions imposées à la consommation et, par contre-coup, à la production, dans l'un ou l'autre de ses termes, il est clair que l'effet général s'en déduit assez par ce que nous avons dit de l'altération des rapports de la production et de la consommation.

Cependant, parmi les dépenses d'Etat, il en est dont l'objet est essentiellement économique, ce qui, à proprement parler, fait de ces dépenses, non pas une altération de la consommation dans le sens d'une déperdition de forces économiques, mais bien au contraire, un réel moyen de production.

Il en est ainsi notamment de toute dépense d'Etat faite dans un intérêt économique bien compris, et selon la conception normale du rôle social de l'Etat, c'est-à-dire de toute dépense faite dans le but d'améliorer ou d'augmenter les moyens de sécurité, de communications et de transports, parce qu'il en résulte une augmentation du bien-être général, et une économie réelle de temps, de capital et de travail, compensant largement, pour la production, la dérivation de capitaux produite nécessairement par l'impôt.

C'est ce qui a lieu, lorsque l'on se tient dans les limites raisonnables, pour les dépenses générales de gouvernement dans les questions d'administration publique, de justice, de police, d'enseignement, etc., dans la construction et l'amélioration des routes, des canaux, des lignes télégraphiques, etc., dans les services postaux, et dans les affectations de fonds, garanties d'intérêts, etc., qui ont pour but de faciliter l'établissement ou l'extension des voies de communication par terre et par eau.

Ce sont là des dépenses, qui, loin de charger la production, ont pour conséquence un abaissement des prix de revient, qui lui profite considérablement sans diminuer la juste rétribution de ses services.

Ainsi en est-il des dépenses de l'Etat qui assurent une plus grande sécurité aux citoyens, un meilleur et plus prompt règlement des questions privées et publiques, une amélioration intellectuelle et morale de la population, parce qu'en définitive, et en dernière analyse, toutes ces dépenses concourent à développer le bien-être général de la société, en augmentant et en affinant à la fois les moyens de production et les besoins de consommation, par la diminution du prix de revient, relatif, de chaque produit.

Pour mieux préciser les avantages réels de ces diverses catégories de dépenses budgétaires, nous nous contenterons de rappeler, à titre d'exemple, que M. Mulhall, *loco citato*, a pu établir que les Chemins de fer ont réduit de 85 0/0 le coût des transports par terre, et que cette réduction correspond à un abaissement de 9 0/0 dans le prix des divers articles pris en bloc.

Ceci d'ailleurs est bien facile à entendre par le simple rappel des chiffres que nous présente le beau livre de M. Félix Faure, *Les Budgets Contemporains*, sur l'accroissement des lignes ferrées dans les divers pays.

Ainsi, la France avait, en 1870, un développement de voies ferrées atteignant 17,179 kilomètres, tandis qu'en 1885, elle possédait 32,491 kilomètres de Chemins de fer. Le développement des voies ferrées du monde entier à ces mêmes époques présentait le tableau suivant :

Longueur en kilomètres des Chemins de fer du globe :

	Europe	Amérique	Afrique	Asie	Océanie	Total
	—	—	—	—	—	—
1870.......	104.120	93.643	1.776	8.246	1.873	209.658
1885.......	189.693	239.468	6.561	20.539	12.053	468.224
Augment^on	85.573	145.825	4.785	12.293	10.180	258.566
ou........	82.0/0	157.0/0	234.0/0	147.0/0	555.0/0	123.0/0

Plus nous allons et plus ce fait s'accuse, de sorte qu'un très notable abaissement des valeurs d'échange en doit partout résulter, à la condition toutefois de ne construire que des chemins de fer, dont la nécessité soit prouvée au point de vue économique, *qui est celui auquel nous nous plaçons nécessairement dans cette étude.*

L'abaissement de la valeur relative des capitaux circulants est donc bien la résultante des progrès économiques de l'humanité, et, sauf en ce qui concerne quelques produits, comme la viande, par exemple, c'est un fait généralement observable.

D'après sa méthode du « *Trade volume* » qui consiste à comparer sur les états des Douanes, des Boards of trade, etc., la valeur des marchandises à différentes époques, et en prenant pour base la période 1841-50, M. Mulhall établit le niveau des prix dans le monde entier de la manière suivante :

1841-50	1851-60	1861-70	1871-80	1881-84
100	104.7	111.1	105.7	94.7

Il n'est pas sans intérêt de comparer les résultats de cette méthode avec les indications fournies par les autres moyens, et M. Mulhall lui-même a procédé comme suit à cette comparaison, mais en prenant pour base la période de 1845-50 :

Périodes	Soetbeer	Jevons	Laspeyre	Economist	Mulhall	Moyenne
1845-50...	100	100	100	100	100	100
1851-55...	114	107	111	—	104	109
1855-60...	125	120	122	127	105	120
1861-65...	127	123	123	—	110	121
1866-70...	125	121	—	140	111	124
1871-75...	136	—	—	127	112	125
1876-80...	127	—	—	115	99	114
1881-84...	124	—	—	105	92	107

Comme on le voit, les divers auteurs cités ici s'accordent à constater, au moins depuis 1871-75, l'abaissement des valeurs d'échange que l'observation générale relève chaque jour.

Le même auteur, M. Mulhall, prenant pour base la période 1860-62, rapproche encore, de la manière ci-après, le mouvement général des prix en Angleterre, en France, en Italie, en Belgique et aux États-Unis.

Périodes	Gde-Bretagne	France	Italie	Belgique	Etats-Unis	Moyenne
—	—	—	—	—	—	—
1860-62...	100	100	100	100	100	100
1863-70...	118	94	103	90	114	104
1871-80...	96	82	104	97	99	96
1881-83...	85	75	82	85	94	84

A ne considérer que ces chiffres, c'est, parmi les nations, la France qui, finalement, aurait tenu la tête au point de vue économique; mais sur ce sujet, il y aurait beaucoup à dire, et nous aurons chemin faisant plus d'une occasion d'y revenir.

Enfin, si, à titre d'exemple, nous considérons la valeur de plusieurs articles de consommation générale, il y a seulement quelques années, par comparaison avec les prix récemment atteints, nous verrons peut-être plus clairement s'accuser le phénomène qui nous arrête en ce moment.

D'après les Bulletins du Ministère de l'Agriculture, nous pouvons relever pour la France entière une intéressante suite de prix moyens en 1868 et en 1887, soit à vingt ans d'intervalle.

			1868		1887
Froment	hectol.	F.	26.08	F.	17.71
Méteil	»	»	21.46	»	14.46
Seigle	»	»	18.35	»	11.82
Orge	»	»	15.19	»	9.93
Sarrazin	»	»	12.91	»	9.38
Maïs	»	»	17.68	»	10.98
Avoine	»	»	11.10	»	7.64
Pomme de terre	»	»	6.47	»	4.81
Pain — 1re qualité	kil.	»	0.45	»	0.34
» 2me »	»	»	0.39	»	0.29
» 3me »	»	»	0.35	»	0.26
Viande de Bœuf	»	»	1.35	»	1.47
» Vache	»	»	1.21	»	1.34
» Veau	»	»	1.42	»	1.55
» Mouton	»	»	1.46	»	1.67
» Porc	»	»	1.47	»	1.50

D'après le *Statistical Abstract*, les prix moyens d'exportation du Royaume-Uni pour les produits britanniques ci-après ont été :

		1873		1887	
Alcali	Sh.	12.32	p. cwt	5.66	p. cwt
Ciment	»	3.04	»	1.94	»
Froment	»	13.47	»	8.29	»
Farine	»	18 07	»	10.40	»
Charbon de terre	»	20.90	p. ton.	8.32	p. ton.
Filés de coton	d.	17.76	p. liv.	10.88	p. liv.
Fer	£	6.62	p. ton.	2.86	p. ton.
Sel	Sh.	18.77	»	12.82	»
Laine	d.	21.18	p. liv.	11.25	p. liv.

Enfin du *Tenth Census* des Etats-Unis, nous extrayons quelques comparaisons de prix entre les années 1870 et 1879.

		1870	1879	Prix en 1870 en le supposant de 100 dollars en 1879
		dollars	dollars	dollars
Avoine	bushel	0.630	0.297	212
Froment	»	1.289	1.068	121
Coton	livre	0.235	0.099	237
Foin	tonne	17.423	15.027	116
Houblon	livre	0.154	0.128	120
Lard et Jambon	»	0.157	0.070	224
Fromage	»	0.155	0.089	174
Œufs	douz.	0.396	0.155	255
Riz	livre	0.060	0.048	125
Sucre	»	0.112	0.073	153
Laine	»	0.359	0.290	124

Ces quelques chiffres suffisent à préciser l'abaissement général des valeurs d'échange, et, revenant à nos observations sur les dépenses de l'Etat, nous voyons qu'elles se qualifient toutes d'intérêt général, mais nous ne saurions dire qu'elles méritent toutes également cette qualification. De plus, certaines dépenses, comme les dépenses militaires, n'ont un caractère de nécessité que par notre propre faute, et parce que nous ne savons pas organiser un système raisonnable de relations internationales.

Néanmoins, il y a des degrés dans la faute, et si

les divers Etats d'Europe ne s'étaient pas lancés dans une foule d'entreprises et d'armements militaires que l'on pouvait et que l'on devait limiter, nous ne verrions pas aujourd'hui l'économie générale des populations aussi troublée et même compromise.

C'est que, lorsque les dépenses de l'Etat sont réellement d'intérêt général et que leur application constitue véritablement un bienfait général, un soulagement général, le retrait arbitraire de fonds qu'occasionne l'impôt se compense, se justifie, se réclame en vertu de cet intérêt général qu'y a toute la population ; mais, lorsque les dépenses de l'Etat ont un but anti-économique, elles sont nécessairement improductives et causent un préjudice excessivement considérable à la population, au nom de laquelle on les entreprend.

En effet, l'emprunt et l'impôt destinés à couvrir les dépenses improductives de l'Etat, frappent la consommation générale, au profit de productions spéciales, arbitrairement favorisées, et, lorsqu'elles sont excessives, c'est dans une mesure si extraordinaire que l'affaiblissement de l'organisme économique en est inévitablement la prompte conséquence.

Il en est de même des dépenses prétendues économiques et qui consistent, d'une manière ou d'une autre, à assurer la protection de l'Etat à des industries spéciales, auxquelles on fait ainsi une situation privilégiée, quoiqu'il vaille encore mieux dépenser directement des fonds pour aider une industrie quelconque, que de prendre des mesures contre ses concurrentes, parce que, dans le premier cas, on est conduit à limiter la dépense à faire, tandis que dans le second, la consommation générale, dans le but de favoriser quelques producteurs, se trouve avoir à supporter une augmentation énorme de dépenses par le renchérissement arbitraire, et en grande partie inutile, des divers articles. En se répercutant sur la production générale, cette intervention arbitraire l'affaiblit et l'appauvrit, car, en fin de compte, on dissimule par là de grandes contributions imposées par l'Etat à la population, sous couleur de protection économique.

En supposant, par exemple, que cette production spéciale d'un pays, laquelle devient l'objet des faveurs administratives, soit égale seulement au quart des besoins de la population dudit pays, il est clair que l'impôt protecteur à l'importation, a pour effet d'augmenter le gain des industriels protégés, mais en prenant aux populations quatre fois plus d'argent que n'en reçoivent ces industriels ; c'est l'Etat qui encaisse la différence, et qui force ainsi la consommation générale à se restreindre dans la proportion des fonds qui lui sont soustraits.

Il faut donc bien distinguer le caractère des dépenses des Etats, et ne pas seulement s'arrêter au chiffre de la dette et au poids des impôts, car on serait amené à considérer comme particulièrement périlleuse telle situation éminemment favorable, comme par exemple, celle de l'Australie, qui mérite plus spécialement cette remarque, abstraction faite, naturellement, de toute circonstance d'ordre différent, et du plus ou moins de prudence politique des gouvernements des Etats-Australiens.

Le *Fenn on the funds* pour 1889 nous présente comme suit le capital de la dette et sa proportion par tête d'habitant pour la Nouvelle-Zélande, la Nouvelle-Galles-du-Sud, l'Etat de Queensland, celui de l'Australie du Sud, et enfin pour le gouvernement de Victoria.

Etats	Capital nominal actuel de la dette	Proportion par tête d'habitant
—	—	—
Nouvelle-Zélande....	£ 35.356.000	£ 58.12.6
Nlle-Galles-du-Sud	» 44.000.000	» 42. 3.6
Queensland..................	» 25.821.000	» 69.10.0
Australie du Sud......	» 19.398.000	» 60.16.0
Victoria..........................	» 34.600.000	» 32. 8.6

Mais ces sommes ont été engagées presque uniquement dans des travaux d'établissement, d'organisation, d'amélioration et d'administration desdits Etats, et la moitié des fonds en question a été absorbée par les State railways.

On sait d'ailleurs que l'Asie australe a, proportionnellement, les plus forts revenus du monde, et que, suivant la remarque de M. Mulhall rien que la vente des terres de la Couronne, à raison de 20 shellings par acre de 4,046 mètres carrés suffirait à la rédemption de la dette. A la vérité, il y a peut-être eu dans les Etats de l'Asie australe un peu trop de précipitation, mais leurs dépenses sont gagées de telle façon, par la nature même des travaux exécutés, que leur situation est, en réalité, tout à fait excellente.

C'est tout le contraire de ce que nous verrions en examinant, même *grosso modo*, la répercussion générale des dépenses improductives de nos grands États d'Europe.

Lorsque, par exemple, sur un budget d'ensemble de quatre milliards, deux milliards de francs sont annuellement consacrés, moitié aux frais des guerres du passé, et moitié à la préparation des guerres de l'avenir, on peut bien se demander comment l'idée en peut être supportable pour des esprits sains et pondérés ; et, cependant, tels et tels grands pays, lancés dans des entreprises aussi extraordinaires, en vertu de l'axiôme menteur : *si vis pacem para bellum*, voient, pour de telles raisons budgétaires, une partie considérable du revenu de leurs populations se stériliser de la plus lamentable manière.

Les populations se trouvent ainsi dans l'obligation de renoncer à une foule de choses nécessaires ou utiles à la vie, et les producteurs de ces articles, dont le débouché est réduit en raison de ces privations populaires, ayant encore à payer des impôts plus lourds, sont, par là, contraints de demander une élévation correspondante des droits de douanes à l'entrée ; or, nous avons dit un mot déjà de ce qu'il y a de désastreux dans cette prétendue compensation. Il faut bien alors élever les salaires au grand dommage des industries qui vivent de l'exportation.

Réagissant les uns sur les autres, et se combinant de toutes les manières, ces divers maux s'aggravent réciproquement et ne tardent pas à créer une situation économique intolérable. En effet, les industries qui vivent de l'exportation, se trouvant avoir à supporter des impôts plus lourds et à payer des salaires plus élevés, se voient, du même coup, obligées d'élever leurs prix de vente, ou de réduire leurs profits. En élevant leurs prix de vente, elles affirment leur infériorité vis-à-vis de leurs concurrentes à l'étranger, et en réduisant leurs profits, déjà limités par les exigences de la concurrence, elles se mettent dans l'impossibilité d'améliorer leurs procédés et leur outillage et ne peuvent, dès lors, manquer d'être distancées par leurs voisines dans un temps plus ou moins long.

Mais, en outre, si la consommation nationale se portait sur les articles produits par l'étranger, ou si même il était simplement possible, ou probable, que l'étranger pût produire et vendre ces articles à meilleur compte que ne le pourrait faire la production nationale, celle-ci se trouverait contrainte d'abandonner la lutte, ou d'accepter un régime épuisant, qui la livrerait de plus en plus à la discrétion de ses adversaires, ou, enfin, de réclamer des encouragements sous formes de primes, dont la spéculation ne manquerait d'ailleurs pas de faire immédiatement l'escompte, afin de s'en assurer le profit, au détriment des industries primées, auxquelles ne seraient laissées en vérité que d'illusoires satisfactions.

C'est alors qu'apparait une autre face de la question. En effet, dans de pareilles circonstances, la position générale de la culture et de l'industrie devient telle, qu'il y a peu d'avantages pour les détenteurs de capitaux, à confier des fonds aux producteurs agricoles et industriels, pour un temps suffisamment long, sauf dans des conditions assez entachées d'usure et, partant, tout à fait exceptionnelles, ou encore dans des vues purement spéculatives. Ce sont les fonds d'Etats, de Villes, les titres des grands établissements de crédit, etc., qui ont la faveur des capitalistes, parce que le peu de rendement et l'insécurité de la culture et de l'industrie poussent de plus en plus les capitaux vers la spéculation.

Du reste, les grandes transformations de l'organisme économique facilitent considérablement cette tendance, et pouvoir s'engager et se dégager immédiatement est devenu le premier besoin des affaires ; l'instabilité des cours devient excessive, et la production ne peut guère avoir l'assurance de retrouver dans ses ventes tout au moins ses prix de revient.

C'est ainsi que, souvent pour des raisons peu sérieuses, des articles qui devraient offrir une certaine fixité de valeur, par suite de leur production normale et de leur consommation régulière, se livrent à des oscillations vertigineuses dans leurs prix. Les producteurs n'ont plus alors pour ressource que de se tenir à la remorque des *outsiders*, nom donné aux capitalistes spéculateurs lorsqu'ils interviennent dans les fluctuations d'articles qui leur sont étrangers. Le jeu incessant et fou, devient le grand régulateur des cours, mais, au risque d'être taxé de fâcheux, nous ne pouvons nous faire assez illusion pour reconnaître au *jobbing*, toujours en quête d'un *corner* et trouvant son plus beau triomphe dans un *krach*, la même utilité, la même nécessité qu'au commerce régulier et à la grande spéculation, à ces deux fourmis intelligentes et prévoyantes, dont l'action salutaire compense l'insuffisance de production des années maigres par l'abondance des années grasses.

D'énormes capitaux placés au dehors, assurent en outre au pays, de grandes importations, fait parfaitement normal et très avantageux dans des circonstances ordinaires, mais qui sert encore à troubler et à affaiblir sous l'empire de ces fâcheuses conditions, la production des articles nationaux similaires à ceux ainsi importés.

Comment nos producteurs peuvent-ils s'y prendre pour tourner cette difficulté de vendre à vil prix des articles dont la production leur est rendue plus coûteuse par l'impôt, par l'augmentation des salaires et des risques, et surtout par le resserrement des débouchés ; puis, comment lutter au dehors quand il est déjà bien difficile de conserver le marché national.

Les plus habiles ou les plus résistants, comme l'on voudra, s'en tirent au moyen de fraudes, de falsifications, de sophistications impudentes, ou tout au moins par une déchéance voulue de la production, et du haut en bas de l'organisme économique, on voit se propager une démoralisation profonde, une abolition funeste des principes et des habitudes d'équité, de loyauté industrielle et commerciale, ainsi qu'un abaissement de la qualité des produits, car il faut distinguer entre les produits présentés dans les expositions et les produits de vente courante, l'activité normale ne consistant pas en tours de force.

Ce sont là de bien cruelles épreuves imposées à la production d'un pays, car elles vicient tellement la répartition des profits et des salaires, que des populations nombreuses et laborieuses peuvent se trouver plongées dans une extrême détresse, alors que quelques industries décèlent une force à propos de laquelle il faut se garder de généraliser trop vite, de peur de tomber dans les travers de certains écrivains, moins poussés par le désir de voir exactement les choses, que mus par des passions chauvines, ou par le besoin d'étourdir leurs adversaires politiques, en se faisant un commode argument d'une richesse générale et plétorique de la nation.

Nous pourrions nous étendre beaucoup sur les conséquences que nous avons rappelées comme découlant des dépenses improductives des Etats, mais il faudrait des volumes pour analyser toutes celles qui se produisent avec tant d'intensité et tant de variété à la suite de l'invraisemblable folie d'armements militaires qui souffle sur l'Europe.

En considérant plus longuement cette question, dont nous avons tenu d'abord à déterminer la position d'une manière provisoire et suffisante, sinon complète, on verrait bien facilement que nous sommes loin d'avoir cédé à aucune exagération, au contraire, car, par leur poids énorme et par leur durée, les charges militaires sont certainement la cause la plus intense de la limitation des consommations générales et de la pertubation des relations économiques, tant par leur influence directe que par leurs nombreuses répercussions dans l'organisme tout entier.

Nous ne le pouvons mieux apercevoir qu'en laissant la parole à M. Alfred Neymarck, qui, déjà en 1887, résumait comme suit, pour les divers Etats européens, dans son intéressant ouvrage : *Les Dettes publiques européennes*, les dépenses de la guerre et de la marine, le capital nominal et les intérêts des dettes publiques.

Dépenses de la guerre, de la marine, capital nominal et intérêts des dettes :

Etats	Exercices financiers	Capital nominal de la dette	Intérêts et amortissem[ts]	Dépenses ann[les] Guerre et Marine
—	—	— millions	— millions	— millions
Prusse	1er Avril 1886	4.814	220.»	539.1
Allemagne	31 Déc. 1886	526	20.1	
Autriche	31 Déc. 1884	9 288	389 9	342.»
Hongrie	—	3.178	206.8	
Wurtemberg	31 Déc. 1885	525	21.5	»
Saxe	—	800	33.2	»
Hambourg	31 Déc. 1883	178	8.7	»
Bavière	1er Avril 1886	1.790	61.1	»
Bade	31 Déc. 1885	53	2 1	»
Etats Allemands	—	268	11.»	»
Italie	—	11.131	532.»	342.5
Suède	—	345	16.4	35.5
Norwège	30 Juin 1885	151	6.»	18.3
Danemarck	31 Déc. 1885	274	12.4	23.»
Pays-Bas	—	2.260	69.5	69.5
Belgique	—	1.771	86.5	45 6
Espagne	1er Juillet 1886	6.042	274.1	200 3
Portugal	—	2.821	89.3	39.3
Angleterre	31 Mars 1885	17.829	737.5	740.2
Suisse	1er Janv. 1886	32	1.8	17.1
Serbie	13 Juin 1886	244	13.7	16.2
Roumanie	1er Avril 1887	729	59.2	28.5
Grèce	1er Janv. 1886	348	33.»	23.»
Turquie	1880-81	2.622	55.4	200.»
Bulgarie	1er Janv. 1885	»	2.1	»
Finlande	31 Déc. 1885	65	5.9	6.1
Russie	—	18.028	1.038 »	982.4
France	31 Déc. 1886	31.000	1.336.»	859.5

Il ajoutait à cet exposé de justes et remarquables considérations et disait, notamment :

« Dans quelles proportions énormes les dettes » publiques de toute l'Europe ne pourraient-elles pas » être réduites si les dépenses de la guerre n'absor- » baient pas tous les ans plus de 85 0/0 de ces » mêmes dettes ! toutes les puissances européennes » ont des embarras financiers ; toutes ou presque » toutes augmentent ou ont besoin d'augmenter » leurs impôts. Toutes, sans exception, font des » armements considérables. Cette situation présente » les plus graves dangers et plus que jamais » cependant le maintien de la paix est nécessaire à » l'Europe pour consolider son crédit, améliorer » l'état de ses finances, donner de l'essor et de la » confiance au commerce et à l'industrie. »

Le même auteur rassemblait dans le même ouvrage les chiffres ci-dessous, qui comparent l'augmentation du capital nominal de plusieurs dettes publiques depuis 1870.

France	12	milliards		
Russie	11	»		
Prusse	3	»	217	millions
Italie	3	»	132	»
Hongrie	2	»	249	»
Autriche	1	»	770	»
Espagne	1	»	300	»
Belgique	1	»	089	»

Roumanie	701	millions.
Allemagne	526	»
Saxe	388	»
Grèce	270	»
Serbie	244	»
Wurtemberg	194	»
Suède	181	»
Hambourg	24	»
Finlande	20	»

Encore convient-il d'ajouter que, depuis ce temps, les choses n'ont fait que croître et embellir, comme nous le verrons plus loin.

Enfin, M. Neymarck faisait suivre cette revue des réflexions suivantes, malheureusement trop justifiées :

« Cette augmentation du capital nominal des » dettes publiques européennes qui a atteint, depuis » 1870, 40 milliards environ, a eu pour conséquence » l'augmentation des intérêts et des amortissements » annuels pour les emprunts contractés, l'accroisse- » ment des dépenses totales des budgets, une sur- » charge dans les impôts. Combien ne serions-nous » pas allégés si nous n'avions pas à payer chaque » année les lourds impôts qui grèvent notre com- » merce et notre industrie, et qui, s'ajoutant aux » frais de production, ont rendu la concurrence à nos » produits d'autant plus facile ! Toutes proportions » gardées, les pays d'Europe souffrent, comme nous, » de ces lourdes charges, qui, dans tous les pays,

» obèrent les contribuables. C'est la guerre, toujours
» la guerre qui redoit aux budgets. Depuis seize ans
» les budgets de la guerre et de la marine ont coûté
» à la France plus de 11 milliards, c'est-à-dire plus
» de 700 millions par an ; l'Allemagne et la Russie
» n'ont pas dépensé moins de 10 milliards chacune
» pendant la même période ; l'Autriche et l'Italie
» presque le même chiffre. Voilà donc cinq grands
» pays, qui, en vue d'une guerre probable, dépen-
» sent tous les ans de 500 à 900 millions depuis seize
» ans.

» Que coûterait donc la guerre elle-même !

» Les Etats européens paient annuellement pour
» leurs dépenses de la Guerre et de la Marine à peu
» près les mêmes sommes que pour l'intérêt et
» l'amortissement de leurs dettes. »

Il n'est pas mauvais d'illustrer encore cette revue au moyen des chiffres que nous fournit M. Michael-G. Mulhall au sujet du coût de quelques guerres récentes :

Guerre de Crimée	£	305.000.000
Guerre de sécession	»	474.000.000
Guerre franco-allemande	»	382.000.000
Guerre russo-turque	»	211.000.000
Cuirassés	»	315.000.000
Ensemble	£	1.687.000.000

ou plus de 42 milliards de francs ; mais ces chiffres sont plutôt au-dessous de la vérité comme le fait voir le coût, rien que pour la France, de la guerre 1870-71.

A cet égard, le *Fenn on the funds* montre par un intéressant résumé qu'en ne tenant pas compte des dettes contractées ou des émissions faites, et en ne relevant que les seuls paiements de caisse, il faut noter :

Dépenses extraordinaires de guerre en 1870.	£	46.920.640
» » » en 1871.	»	28.008.880
Occupation étrangère de 1871-73........................	»	1.552.280
Approvisionnement de Paris................................	»	6.780.720
Fonds remis aux familles des militaires...............	»	2.000.000
Intérêts sur sommes dues à l'Allemagne...............	»	12.082.600
Entretien des troupes allemandes..........................	»	9.945.000
Remboursement des amendes, etc., frappées par les Allemands....................................	»	2.468.320
Débours pour les emprunts de 1870-72.................	»	25 246.720
Pertes pour non-paiement d'impôts, 1870-71.........	»	14 567.560
Frais divers...	»	21.942.560
Indemnité de guerre à l'Allemagne.......................	»	200.000.000
	£	371.515.280

ou quelque chose comme neuf milliards et demi de francs.

Enfin, après avoir déterminé la position de cette question des conséquences de l'aggravation des charges militaires sur les prix de revient, il convient de faire remarquer que la dérivation arbitraire des capitaux d'emprunt par l'Etat se complique et s'aggrave par le loyer exorbitant payé généralement pour les fonds recueillis. C'est ce que l'on peut voir notamment, d'après le *Fenn on the funds*, au moyen du relevé, ci-après, des emprunts français, depuis 1815 :

Année de l'émission	Prix de l'émission 0/0	Intérêt 0/0	Capital nominal Francs	Revient du prix d'émission	Rente annuelle Francs
—	—	—	—	—	—
1816-17	57,26	5	120.000.000	8.73	6.000.000
1817	52,50	5	181.818.181	9.52	9.090.909
1817	55,50	5	172.413.780	9.01	8.620.687
1817	64 50	5	40.000.000	7.75	2.000.000
1817	61,50	5	180.000.000	8.13	9.000.000
1817-18	67,60	5	25.768.040	7.39	1.288.402
1818	66,50	5	298.510.000	7.52	14.925.500
1818	67,—	5	246.268.660	7.46	12.313.433
1821	85,55	5	191.704.400	5.84	9.585.220
1823	89,55	5	462.290.320	5.58	23.114.516
1830	102,07	4	78.373.750	3.92	3.314.950
1831	84 —	5	142.857.160	5.96	7.142.858
1831	100,—	5	20.438.900	5. —	1.021.945
1832	98,50	5	152.284.260	5.07	7.614.213
1841	78 52	3	191.021.966	3.83	5.730.659
1844	84,75	3	235.988.200	3.54	7.079.646
1837-45	100,—	4	202.316.175	4. —	8.092.647
1847	75 25	4	85.647.100	3.99	2.569.413
1848	71,60	5	36.567.740	6.98	1.828.387
1848	75,25	5	262.140.000	6.64	13.107.000
1848	46,40	3	523.145.333	6.45	15.694.360
1848	71 60	5	392.416.160	6.98	19.620.808
1848	69,—	5	8.949.520	7.24	447.476
1848	45 —	3	395.633	6.66	11.869
1848	71,83	5	136.346.972	6.96	6.817.349
1854	92,50	4 ½	101.125.332	4.86	4.550.646
1854	65,25	3	238.653.000	4.59	7.159.590
1855	92 —	4 ½	178.936.000	4.89	8.052.120
1855	65,25	3	528.584.333	4.59	15.857.530
1855	92 25	4 ½	97.550.222	4.87	4.389.760
1855	65,25	3	1.056.658.000	4.59	31.699.740
1857	69,17	3	14.705.867	4.34	44.176
1857	75,—	3	133.333.333	4. —	4.000.000
1859	90,—	4 ½	12.749.111	4. —	573.710
1859	60,50	3	839.988.666	4.95	25.199.660
1857-61	69,10	3	264.743.833	4.34	7.942.315
1862	66,49	3	403.084.000	4.51	12.092.520
1864	66,30	3	474.977.965	4.53	14.249.339
1868	69,25	3	650.477.166	4.33	19.514.315
1870	60 60	3	1.327.670.633	4.95	39.830.219
1870	85,—	6	250.000.000	7.04	15.000.000
1871	82,50	5	2.777.952.800	6.06	138.897.640
1872	84,50	5	4.140.526.200	5.92	207.026.310
1878	—,—	3	549.850.000	—.—	16.495.500
1881	83,25	3	1.201.162.000	3.60	36.034.860
1883	*	3	1.348.780.000	—.—	40.463.400
1884	76,60	3	970.898.000	3.92	29.126.940
			21.959.068.516		

* Allocation faite à la Caisse des Dépôts sur les fonds des Caisses d'épargne.

Cette remarque est d'autant plus à faire que ce loyer occupe, dans le budget des Etats, la place la plus considérable. Le Gouvernement britannique, sous ce rapport, s'est montré plus soucieux que le Gouvernement français des intérêts réels généraux des populations ; mais il faut dire que les circonstances et l'esprit public ont facilité beaucoup, au Gouvernement de la Reine, les conversions auxquelles il a procédé.

En France, nous devrions alléger notre budget par des opérations analogues ; malheureusement, la situation politique prépare encore de terribles épreuves à notre crédit national, et il semble que l'on obéit en haut lieu à des préoccupations de cet ordre, lorsque l'on retarde tant des conversions nécessaires, car on tient à ménager les prêteurs de fonds, et l'on serait encore disposé à les favoriser arbitrairement, plutôt que d'ébranler leur confiance dans le maintien du haut taux de l'intérêt, *et même on ne se décide guère à convertir que lorsque des besoins urgents de ressources extraordinaires font une loi au Gouvernement de faire un emprunt d'une conversion.*

Nous sommes bien loin de la Grande-Bretagne, sous ce rapport, et c'est pour nous une grave cause d'affaiblissement économique.

Il est vraisemblable que nous ne devons cet état de choses, en France, qu'à la considération patriotique des besoins éventuels de la défense nationale, sans quoi la forte et sévère parole de M. Paul

Leroy-Beaulieu aurait ici toute raison de faire à l'Etat le reproche de *maintenir sur l'ensemble de la société, y compris les salariés, de lourds impôts qui sont devenus superflus, uniquement afin de payer aux rentiers un intérêt qu'il ne leur doit plus.* (" De la Répartition des Richesses ", chapitre X, in fine — voir aussi le " Traité de la Science des Finances ", préface de la 4me édition parue en 1888).

II

LA RAISON DE L'AGGRAVATION DES CHARGES PUBLIQUES ET LE PROGRÈS ÉCONOMIQUE

Ce qui fait l'importance de la question que nous étudions, c'est que, sans leurs lourdes charges militaires ou d'origine militaire, les Etats européens, actuellement si obérés, seraient dans une situation absolument florissante.

En effet, quand on réfléchit sur l'immense développement économique de notre siècle ; quand on se représente les richesses agricoles, minières et industrielles acquises par les divers pays ; quand on oppose nos moyens actuels de communications, de transports de commerce et de crédit aux conditions qui nous étaient faites antérieurement aux applications de la vapeur et de l'électricité, qui sont la force et l'orgueil de notre temps ; quand on songe, d'une part, aux inventions qui éclosent chaque jour dans les divers domaines du travail, et, d'autre part, aux satisfactions nouvelles qui en résultent pour les hommes, on ne peut qu'être frappé de la différence énorme qu'offrent les tristes conditions d'existence de trop de populations et la prospérité générale, inouïe, dont nous devrions avoir partout le consolant spectacle.

Malheureusement, en même temps qu'ils accomplissaient, dans les sciences et dans les arts, les plus merveilleux progrès, les Européens se lançaient dans des entreprises guerrières à tout jamais lamentables et se léguaient, de génération en génération, des haines et des rivalités nationales, qui, par suite d'événements présents à tous les esprits, nous ont conduits à supporter l'écrasant fardeau d'un militarisme aussi formidable qu'insatiable qui, jour par jour, dévore les fruits de tant d'utiles travaux, pour nous jeter finalement, peut-être, dans la plus épouvantable conflagration.

Cette affreuse situation a été inutilement condamnée à mainte reprise par des hommes éminents, mais leurs voix sont sans écho et les peuples continuent, avec une sombre et fatale résolution, à faire assaut d'armements et de préparatifs de guerre aussi ruineux qu'inutiles. puisqu'il n'en est pas un qui puisse tirer le moindre avantage relatif de ses armements, quelque grands que soient les efforts faits dans ce but, attendu que la proportionnalité respective des forces des divers pays reste la même par l'effet inévitable de cette folle concurrence militaire.

Le malaise général des finances d'Etat, dont souffre tant la vie économique des peuples, tire évidemment son origine de l'influence funeste et croissante des charges militaires, et quelques rappels de chiffres sur la Grande-Bretagne, la France et les Etats-Unis le feront facilement ressortir.

La dette anglaise, par exemple, présentait en mars 1887, un capital de £ 736,278,688 et une charge annuelle de £ 27,958,023; or, à la paix d'Utrecht, les guerres de France l'avaient laissée à £ 36,175,610 de capital, soit une charge annuelle de £ 3,063,135.

En 1748, la guerre d'Espagne avait augmenté la dette de £ 29,198,249, soit d'une charge annuelle de £ 1,134,881.

En 1762, la guerre de Sept ans avait augmenté la dette de £ 52,219,912, soit d'une charge annuelle de £ 1,994,283.

En 1783, la guerre d'Amérique avait augmenté la dette de £ 104,681,218, soit d'une charge annuelle de £ 4,362,066.

En 1802, à la paix d'Amiens, les guerres de France avaient augmenté la dette de £ 289,778,574, soit d'une charge annuelle de £ 10,557,313.

En 1815, au traité de Paris, les guerres de France avaient encore augmenté la dette de £ 337,783,837, soit d'une charge annuelle de £ 12,377,067.

En 1857, la guerre de Crimée avait augmenté la dette de £ 30,399,995, soit une charge annuelle de £ 816,644.

Douze années de paix, de 1727 à 1739 ont réduit la dette anglaise de £ 6,236,914, soit en moins une charge annuelle de £ 708,744.

Huit années de paix, de 1748 à 1756 ont réduit la la dette anglaise de £ 1,237,107, soit en moins une charge annuelle de £ 412,199.

Entre la paix de Paris, en 1815, et la guerre de Crimée en 1855, la dette anglaise avait diminué de £ 91,918,397, soit en moins une charge annuelle de £ 4,781,085.

De 1857 à 1887, la dette anglaise s'est réduite de £ 102,639,755, soit en moins une charge annuelle de £ 723,154.

En résumé la dette anglaise se décompose ainsi au 31 mars 1887 :

Dette consolidée......	£ 637.637.640	Charge annuelle	£	18.771.838
Annuités temporaires......	» 81.123.148	»	»	8 214.890
Dette non consolidée	» 17.517.900	»	»	766,475
Totaux......	£ 736.278.688	Charge annuelle	£	27.958.023

Ce n'est donc qu'à un long temps de paix qu'est due la réduction de la dette anglaise, outre que d'habiles mesures financières, telles que celles comprises dans les *Sinking funds*, les *Rolling annuities*, les *Terminable annuities*, les conversions de M. Gladstone en 1881, de M. Childers en 1884, de M. Goschen en 1888, ont contribué à en alléger le fardeau, concurremment avec le développement tout à fait remarquable de la richesse publique du Royaume-Uni ; c'est du reste ce que l'on aperçoit clairement par les chiffres ci-après extraits comme ceux qui précèdent du bel ouvrage anglais le *Fenn on the funds* pour 1889.

Années	Population	Charge annuelle de la dette	Valeur des Importations et Exportations nettes	Importations et Exportations par tête
—	—	—	—	—
1820....	21.200.000	£ 31.300.000	£ 79.500.000	£ 3.3/4
1830....	24.500.000	» 29.100.000	» 93.000.000	» 3.3/4
1840....	26.500.000	» 29 400.000	» 132 500.000	» 5.»/»
1850....	27.500.000	» 28.100.000	» 193.500.000	» 7.»/»
1861....	29.071.000	» 26.231.000	» 343.000.000	» 11.3/4
1871....	31.628.000	» 26 826 000	» 554.000.000	» 17.1/2
1881....	34.862.000	» 29.575 000	» 629.000.000	» 18.»/»
1887....	37.076.000	» 27.958.000	» 617.850.000	» 16.3/4

Il faut toutefois observer que la diminution de la dette de l'Etat Britannique, a été plus forte qu'elle ne paraît l'avoir été, puisque le chiffre de la dette publique comprend les prêts recouvrables faits par le Gouvernement aux *local bodies*, les fonds consacrés à l'achat des télégraphes, à l'achat des actions du canal de Suez, etc., etc., tous fonds qui constituent des revenus annuels et non des charges.

Passant à la dette française, nous voyons qu'au 30 Septembre 1797, les rentes inscrites sous le nom de « tiers consolidés » étaient de fr. 40,216,000.

Au 1er Avril 1814, à la capitulation de Paris, elles étaient de fr. 63,307,637.

Au 1er Août 1830, à la chute de la dynastie des Bourbons, et grâce à l'indemnité de guerre aux coalisés, à l'entretien des 150,000 soldats étrangers de 1815 à 1818, grâce au milliard des émigrés, aux affaires de Grèce et à l'expédition d'Alger, elles étaient de fr. 202,281,100.

Au 1er Mars 1848, à la chute de Louis-Philippe, l'occupation de l'Algérie, les fortifications de Paris, l'expédition au Maroc, etc., les avaient portées à fr. 244,287,206.

Au 1er Janvier 1852, elles avaient été un peu réduites et chiffraient par fr. 242,775,978.

Au 1er Janvier 1870, à l'expédition de Crimée, la guerre d'Italie, les expéditions de Chine et du Mexique, les affaires de Cochinchine et d'Annam, etc., les avaient portées à fr. 358,087,510.

Enfin, au budget de 1887, les rentes inscrites figuraient pour fr. 740,093,038, grâce à la guerre franco-allemande et aux diverses entreprises extérieures qui ont eu lieu depuis ; grâce aussi aux grands travaux entrepris, aux modifications profondes de la politique intérieure, de l'instruction publique, etc. A ce chiffre il faut ajouter comme charges annuelles, les fr. 210,915,726 de rentes viagères, et les fr. 385,652,550 de capitaux remboursables à divers titres, annuités, intérêts et amortissements divers.

L'Etat français se trouve ainsi en face d'un passif d'environ 32 milliards de francs, tandis que les dettes locales atteignent peut-être 5 milliards aujourd'hui.

Comme le fait remarquer M. de Foville dans son intéressant ouvrage *La France économique*, la dette en rentes s'est trouvée comme capital nominal augmentée de 1/2 milliard (558.5 millions) sous Napoléon-1er ;

Augmentée de plus de 3 milliards (3,154.2 millions, sous la Restauration ;

Augmentée de 1 milliard 1/2 (1,515.7 millions), sous le gouvernement de Juillet ;

Diminuée de près de 1/2 milliard (425.7 millions), en 1851 ;

Augmentée de 7 milliards (6,938.1 millions), sous Napoléon-III ;

Augmentée de plus de 13 milliards, de 1870 à 1887.

Notons toutefois que les Chemins de fer devant un jour faire retour à l'Etat, c'est une propriété d'une quinzaine de milliards qu'il se sera assurée, non pas gratuitement à la vérité, mais d'une manière qui permet d'escompter pour l'avenir une réduction considérable du capital et des intérêts de la dette.

Si nous établissons pour la France un tableau correspondant à celui que nous a donné le *Fenn on the funds* pour le Royaume-Uni, nous pourrons comparer, d'après les chiffres de M. de Foville, les charges de la dette consolidée avec le mouvement de la population et du commerce extérieur. La même réflexion au sujet de la richesse publique et de son développement dans le Royaume-Uni aurait tout lieu d'être répétée pour la France en face de ces données :

	Rentes inscrites Millions	Capital nominal Millions	Exportations et importations Commerce général Millions	Population
1800......	35.7	713.6	595	27.349.000
1815......	63.6	1.272.1	621	
1830......	199.4	4.426.3	1.211	32.485.000
1848......	244.3	5.012.9	1.644	35.575.000
1852......	230.3	5.516.2	3.072	35.954.000
1871......	386.2	12.454.3	7.231	36.544.000
1887......	882.7	25.848.5		

L'histoire de la Dette fédérale des Etats-Unis d'Amérique est fidèlement représentée au moyen des chiffres ci-dessous que nous extrayons du *Report of the Secretary of the Treasury 1887*, et en marge desquels nous rappelons les faits politiques et militaires aux époques correspondantes, de manière à marquer succinctement les motifs d'accroissement de la dette américaine :

Dette à la fin de :

1791	$	14.641.638 45	
1804	»	25.275.156 40	Achat de la Louisiane.
1812	»	27.247.848 27	Guerre avec l'Angleterre.
1814	»	73.753.574 65	Les Anglais s'emparent de la ville fédérale de Washinsgton ; paix de Gand.
1819	»	76.851.423 15	Achat de la Floride.
1826	»	272.793 02	Dette presque entièrement éteinte.
1846	»	15.528.455 98	Annexion du Texas ; guerre avec le Mexique.
1847	»	38.828.077 62	Bataille de Buena-Vista ; chute de la Vera-Cruz et de Mexico.
1848	»	47.018.405 08	Paix de Guadalupe Hidalgo.
1851	»	68.306.338 87	Pensions, indemnités, réparations.
1857	»	28.701.374 70	Dette réduite considérablement.
1860	»	64.843.837 73	Sécession du Sud.
1861	»	90.582.416 57	Chute du fort Sumter ; Bullrum ; victoire du Sud.
1862	»	524.177.954 98	Siège de Yorktown par Mac Clellan ; défaite de Pope, Antietain Creek.
1863	»	1.119.773.681 48	Gettysbury ; les confédérés évacuent la Pensylvanie et le Maryland.
1864	»	1.815.830.913 42	Passage du Potomac par Grant ; prise d'Atlante par Sherman.
1865	»	2.684.929.011 97	Prise de Charleston ; évacuation de Richmond ; mort de Lincoln ; fin de la guerre.
1866	»	2.776.546.068 92	Point maximum atteint par la dette.
1867	»	2.681.435.999 10	Amnistie générale ; achat de l'Alaska.
1887	»	1.665.978.276 63	

D'après le *Fenn on the funds*, la dette fédérale au 1er Juillet 1888 se présentait ainsi :

Dette totale		$	1.705.992.320
Intérêts dus sur la dette		»	11.624.205
» » » échue		»	168.267
		$	1.717.784.792
A déduire :			
A.	$ 348.979.672		
B.	» 100.000.000		
C.	» 103.220.464	$	552.200.136
		$	1.165.584.656

A. Fonds disponibles pour la réduction de la dette.
B. Réserve pour le rachat des « U.-States Notes ».
C. Montant net au Trésor.

Si l'on exclut les emprunts faits pour les *Central Pacific*, *Kansas Pacific*, *Union Pacific*, *Central Branch Union Pacific*, *Western Pacific*, *Sioux City and Pacific Railways*, ce montant se trouve réduit de $ 64.623.512, inclus dans la dette sous le titre *Pacific railroads bonds*.

Une comparaison analogue à celle que nous avons faite pour la Grande-Bretagne et pour la France s'impose ici, afin de faire ressortir le développement de la richesse publique, aux Etats-Unis, en regard de l'accroissement de leurs charges.

	Revenus du Gouvernement (Charges publiques)	Population	Exportations et Importations
1860	$ 61.926.180	31.445.089	762.288.550
1870	» 411.255.477	38.558.371	991.896.889
1880	» 333.526.610	50.152.866	1.503.593.404
1887	» 321.403.277		1.408.502.979
1888	» 379.320.426	61.000.000	

Il faut toutefois noter que la politique prohibitionniste des Etats-Unis a évidemment nui, dans une mesure très large, au développement de leur trafic extérieur, et que leur activité a été, et demeure, surtout intérieure, ce que nous devons mentionner en passant, sous la réserve des remarques déjà faites à l'égard des conséquences désastreuses d'une telle politique, qui consacre l'oppression de tout un pays, au profit de quelques industries privilégiées.

A titre de simple aperçu sur le développement du trafic intérieur aux Etats-Unis et sur son rapport avec le mouvement extérieur, nous empruntons à la *Statistique agricole* de 1882 les chiffres suivants, qui sont d'autant plus intéressants, que le blé devrait être, pour les Etats-Unis, un article essentiellement d'exportation.

	Consommation du blé aux Etats-Unis	Consommation par tête	Proportion de l'exportation à la production totale
1878.....	95.984.016 hectol.	196 litres	35.41 0/0
1884.....	133.803.780 »	234 »	25.89 0/0

Ce serait inutilement grossir ce travail que de répéter, pour les autres pays civilisés, des observations analogues à celles que nous avons dû faire pour ces trois grands Etats; car il est assez démontré que l'écrasement actuel des finances des Etats provient des emprunts de guerre, observation qui se complète par cette autre que les progrès si considérables de l'agriculture, de l'industrie et des transports, feraient supporter avec la plus grande facilité les frais d'administration de chaque pays, s'il n'y avait que des dépenses normales à couvrir. Quelques chiffres, ayant pour but de fixer les idées à ce sujet, font apprécier en peu d'instants la réelle intensité de ces progrès, et montrent bien que ce que n'est que grâce aux conquêtes du travail que les peuples peuvent résister sans faiblir à l'augmentation formidable de leurs charges publiques.

Sous ce rapport, les documents nous viennent à pleines mains; mais, forcé de nous limiter à quelques relevés, nous nous bornons à comparer quelques données qui nous paraissent particulièrement intéressantes. Au nombre de celles-ci, nous mettons en première ligne l'accroissement du rendement moyen de notre agriculture, et nous empruntons à la *Statistique Agricole* l'exemple ci-après que fournit également la généralité de nos cultures.

Rendement moyen du froment par hectare, en France, en moyennes périodiques :

	hectolitres		hectolitres
1816-20.........	10.22	1851-60.........	13.99
1821-30.........	11.90	1861-70.........	14.28
1831-40.........	12.77	1871-80.........	14.60
1841-50.........	13.68	1881-85.........	15.77

On ne saurait mieux faire voir et l'opiniâtre labeur et les progrès constants, ininterrompus de la culture française, dont nous dressons, maintenant, un tableau d'ensemble, d'après les données de la

Statistique Agricole pour les produits de grande culture alimentaire.

Grains en hectolitres par hectares :

(Produit moyen)

	1840	1862	1882
Froment	12.45	14.67	17.98
Seigle	10.79	12.91	16.38
Orge	14.02	18.87	19.73
Méteil	12.99	15.49	17.87
Avoine	16.30	24.40	25.16
Maïs	12.06	14.75	18.17
Sarrasin	13.01	16.26	17.29

Paille en quintaux par hectare :

	1840	1882
Froment	19.56	25.27
Seigle	17.43	24.05
Orge	14.98	16.13
Méteil	22.43	25.07
Avoine	17.74	19.27
Maïs	11.31	14.54
Sarrasin	13.11	13.94

En hectolitres par hectares :

	1862	1882
Fèves et fèverolles	14.82	19.10
Haricots	13.40	15.87
Pois	15.05	17.91
Lentilles	10.76	15.34

Des résultats non moins sérieux ont été obtenus dans les autres pays, et, quant aux progrès industriels, ils sont si nombreux, si éclatants, si connus, que nous croyons suffisant de les faire simplement ressortir au moyen des chiffres ci-dessous qui s'y appliquent d'une manière générale :

FRANCE

Cours d'eau administrés par l'Etat

(Informations du Ministère des Travaux publics)

	Fleuves et Rivières	Canaux	Total général	Flottage
	—	—	—	—
	Tonnes de marchandises			
1872	540.729.322	1.023.936.875	1 564.666 197	224.559.768
1885	1.090.375.521	1.310 384.151	2.400.759 672	103.979.658

Mouvement général des Chemins de fer

Statistique des Chemins de fer

Longr des Chem. de fer en exploitat. au 31 Déc.	Recettes de l'exploitation	Produit de l'exploitation	Revenu kilomét. Brut	Net	Poids des marchandises
—	—	—	—		—
		En 1872			
17.776	779 797.230 —	393.241.845 —	43.718	22.551	53.371.363
		En 1885			
30.439	1.014.271.646 55	475.731.933 65	31.997	15.943	75.102.276

GRANDE-BRETAGNE

Mouvement des Chemins de fer

(Fenn on the funds)

	1885	1886
	—	—
Produit brut	£ 21.507.599	£ 69.591.953
Dépenses d'exploitation	» 10.299.709	» 36.518.247
Recettes nettes	» 11.207.890	» 33 073.706

Entrées et sorties des vapeurs et voiliers chargés de marchandises dans tous les ports du Royaume-Uni.

(Statistical abstract)

	1873	1887
	Tonnes	Tonnes
Entrées :		
Sous pavillon britannique	21.369.167	27.380.996
» étranger	125.130	113.235
Total	21.494.297	27.494.231
Sorties :		
Sous pavillon britannique	19.011.341	24.995.875
» étranger	126.376	128.901
Total	19.137.717	25.124.776

Les communications ne montrent pas un moindre accroissement que les transports ; c'est ce que font voir les chiffres ci-après :

FRANCE

Postes	1872	1886
Lettres	337.060.001	639.321.666
Journaux et imprimés	305.914.100	837.235.411
Télégraphes		
Télégrammes	6.223.343	27.169.123

GRANDE-BRETAGNE

Postes	1873	1888
	—	—
Lettres	907.000.000	1.512.000.000
Journaux et imprimés.	254.000.000	542.000.000

Télégraphes	1874	1888
—	—	—
Télégrammes	17.821.530	53.403.425

Si maintenant nous voulons nous rendre compte de l'accroissement des capitaux, nous n'avons, entre autre faits, qu'à citer ceux qui suivent, par lesquels on aperçoit, suffisamment pour les besoins de cette étude, la formation de l'épargne, du bas en haut de l'organisme économique.

Caisses d'épargne

	Nombre de caisses nationales	Succursales	Nombre de Livrets	Nombre d'habitants pour un déposant	Solde dû aux déposants au 31 Décembre	Moyenne des Livrets
	—	—	—	—	—	—
1872	521	655	2,016,552	17.9	515,218,528	255.49
1886	547	965 (1885)	5 090 132	7.4	2,307,025,132	453.23

Caisse nationale d'épargne

	Bureaux de poste correspondants de la Caisse nationale d'épargne	Montant des dépôts dus
	—	—
1882	6.024	46.823.941.66
1886	6.649	176.193.112.67

Ce qui précède fait bien voir combien il est vrai de dire que des dépenses normales d'administration dans les divers pays seraient supportées avec la plus grande facilité, mais on peut encore se rendre compte du bien-fondé de cette remarque en détachant, d'après les chiffres des budgets, le montant affecté à la dette, à la Guerre et à la Marine, par tête d'habitant. Cette compilation a été faite par M. Ramon Fernandez, dans son excellent et consciencieux ouvrage : *La France Actuelle*, auquel nous empruntons les chiffres ci-dessous.

	Budget	Dette	Instruction publique	Guerre	Marine	Autres services
	—	—	—	—	—	—
France	85.60	33.70	3.90	17.60	5.20	25.20
Allemagne	65.30	11.76	2.47	10.25	1.25	39.57
Angleterre	62.45	15.80	3.71	11.50	8.55	22.89
Etats-Unis	60.—	11.—	8.—	4.26	1.60	35.14
Autriche-Hongrie	57.80	16.10	1.70	7.90	0.74	31.26
Italie	57.25	22.37	1.74	8.65	2.87	22.12
Belgique	54.10	17.70	3.70	7.80	—	24.90
Espagne	53.65	15.59	2.79	9.17	2.41	24.09
Portugal	46.80	17.50	1.21	5.91	2.12	20.06
Russie	44.71	13.31	1.08	10.67	2.12	17.53
Danemark	31.50	6.42	1.40	6.73	4.26	12.59
Grèce	44.50	16.78	1.20	9.84	1.77	14.90
Norwège	31.80	4.25	2.60	5.10	1.44	18.41
Suède	25.20	3.09	2.95	5.83	1.78	11.55
Suisse	24.63	0.67	6.75	6.18	—	11.08

C'est en s'arrêtant sur ces chiffres que l'on apprécie bien, comme elle mérite de l'être, l'énorme faute que commettent les Etats civilisés, en s'obstinant à consacrer tant d'efforts et de capitaux *à la préparation de leur ruine commune*. Quelle ne serait pas la prospérité générale, si les populations pouvaient être affranchies de l'écrasant fardeau qu'elles s'imposent et quel meilleur et plus prompt moyen pourrait-on préférer à la disparition si désirable de la politique militariste, pour remédier à la crise aiguë dont souffre le monde entier. *Si ces nuisibles dérivations de fonds, que causent les emprunts et les impôts de guerre pouvaient être écartées, on verrait du même coup les consommations générales s'étendre régulièrement dans toutes les classes, en stimulant, d'une manière aussi féconde que normale, la production de tous les articles, et en faisant pénétrer partout le bien-être et la sécurité.*

La crise économique reflète et répercute les fautes politiques, et devient d'autant plus redoutable que la transformation industrielle produit de plus en plus des déplacements importants et subits de forces économiques; c'est ce que l'on peut particulièrement apprécier rien qu'en considérant le nombre croissant des inventions et des améliorations brevetées.

FRANCE

Brevets d'invention délivrés du 9 Octobre 1844 à la fin de 1886, en vertu de la loi organique du 5 Juillet 1844........................ 180.653
Certificats d'addition........................ 50.682

Total général........................ 231.335

	1872	1886
	—	—
Brevets........................	3.934	7.371
Certificats........................	941	1.648
	4.875	9.019

ANGLETERRE

(*Statistical abstract*)

	1872	1887
Brevets	3.970	18.051
Dessins	10.462	25.734
	1876	1887
Marques de commerce	454	4.740

Ces chiffres suffiraient à expliquer bien des transformations dont les conséquences sont devenues incalculables et, dans ce même ordre d'idées, le *Statistical Abstract* nous fournit, touchant l'exploitation relativement récente des tramways en Angleterre, quelques données intéressantes qui permettent de se rendre compte de la rapidité de transformation des habitudes populaires.

Tramways du Royaume-Uni

	1876	1887
Longueur des lignes au 30 Juin	158 milles	886 milles
Capital engagé au 30 Juin, actions	£ 1.702.879	£ 9.375.950
Emprunts et obligations	» 438.425	» 3.531.430
Total	£ 2.186.304	£ 12.907.380

Nombre de voyageurs	416.518.423
Produit brut	£ 2.802.324
Dépenses d'exploitation	» 2.142.402
Produit net	» 659.922

Cette rapide transformation se retrouve dans tous les genres d'activité industrielle. Ainsi, une note de

M. du Closel, consul de France à Breslau, nous fait connaître comme suit, pour les différentes campagnes sucrières de la Silésie, combien il a fallu de kilogrammes de betteraves pour obtenir un kilogramme de sucre.

1877-78	11	kil.	37	de	tubercules
1878-79	10	»	70	»	»
1879-80	11	»	55	»	»
1880-81	11	»	46	»	»
1881-82	12	»	37	»	»
1882-83	10	»	85	»	»
1883-84	10	»	05	»	»
1884-85	9	»	—	»	»
1885-86	9	»	—	»	»

Des modifications aussi intenses dans une foule de cas font naître une multitude de courants plus ou moins contrariés, pouvant, à de certains moments, rendre les affaires assez difficiles ; mais cette situation instable se corrigerait promptement d'elle-même par le progrès économique et le développement des consommations ; tandis que si les réactions dont nous parlons, de pénibles deviennent dangereuses, ce n'est que grâce à l'aggravation rapide et écrasante des charges budgétaires. C'est qu'il est, en effet, une limite qui ne doit jamais être franchie par les Gouvernements, dans leurs impositions fiscales, et l'on ne saurait mieux dire, à ce sujet, que le rapport pour 1887 du *Secretary of the Treasury* des Etats-Unis, qui s'est approprié de la manière la plus heureuse, une observation qui revient souvent dans les ouvrages des Maîtres de l'économie politique, et que nous traduisons ainsi :

« Le moindre dollar, qui, au-delà des saines » nécessités de gouvernement, est soustrait par » l'impôt au citoyen qui l'eût employé en des opé- » rations réclamées par les besoins naturels de la » collectivité — même si le Trésor le débourse » immédiatement pour couvrir les engagements que » la loi a créés — est un dollar destiné à détourner » le travail de son véritable objet, à appauvrir le » peuple, et, par suite, à imposer finalement au » travail de tout le pays le fardeau des taxes exces- » sives.

» Nous le pouvons facilement comprendre si nous » supposons une collectivité de cent citoyens, par » exemple. Si dix de ces citoyens sont employés à » la construction de fortifications et de bâtiments » publics, il est évident que les quatre-vingt-dix » autres doivent donner une partie de leur travail » pour l'entretien des dix premiers. Il faut donc » ou qu'ils travaillent plus d'heures et de jours dans » l'année ou qu'ils se privent de leur bien-être et de » leurs épargnes. Dans notre grande collectivité de » 60 millions d'âmes, la même relation existe entre » l'activité générale et l'activité que détourne le » Gouvernement à son profit, bien que la masse des » chiffres et la nature complexe de la société » rendent moins facile la liaison des troubles des » finances et du travail avec leurs causes.

» Je me suis servi, dans mon exemple, de fortifi-
» cations et de bâtiments publics, non pas parce que
» le Gouvernement devrait ne point élever de for-
» tifications mettant le pays à l'abri des invasions,
» et lui permettant de sauvegarder toujours sa
» dignité, ou parce que le Gouvernement devrait ne
» point faire construire de bâtiments publics, tels
» que le réclament les besoins du pays, mais pour
» bien montrer que les plus méritoires dépenses du
» Gouvernement sont à peine autre chose qu'un
» fardeau improductif imposé au travail national, et
» qu'en conséquence, toute taxation, au-delà des
» besoins absolus du Gouvernement, fait réellement
» tort aux populations du pays, quelle que soit la
» destination du produit de l'impôt. »

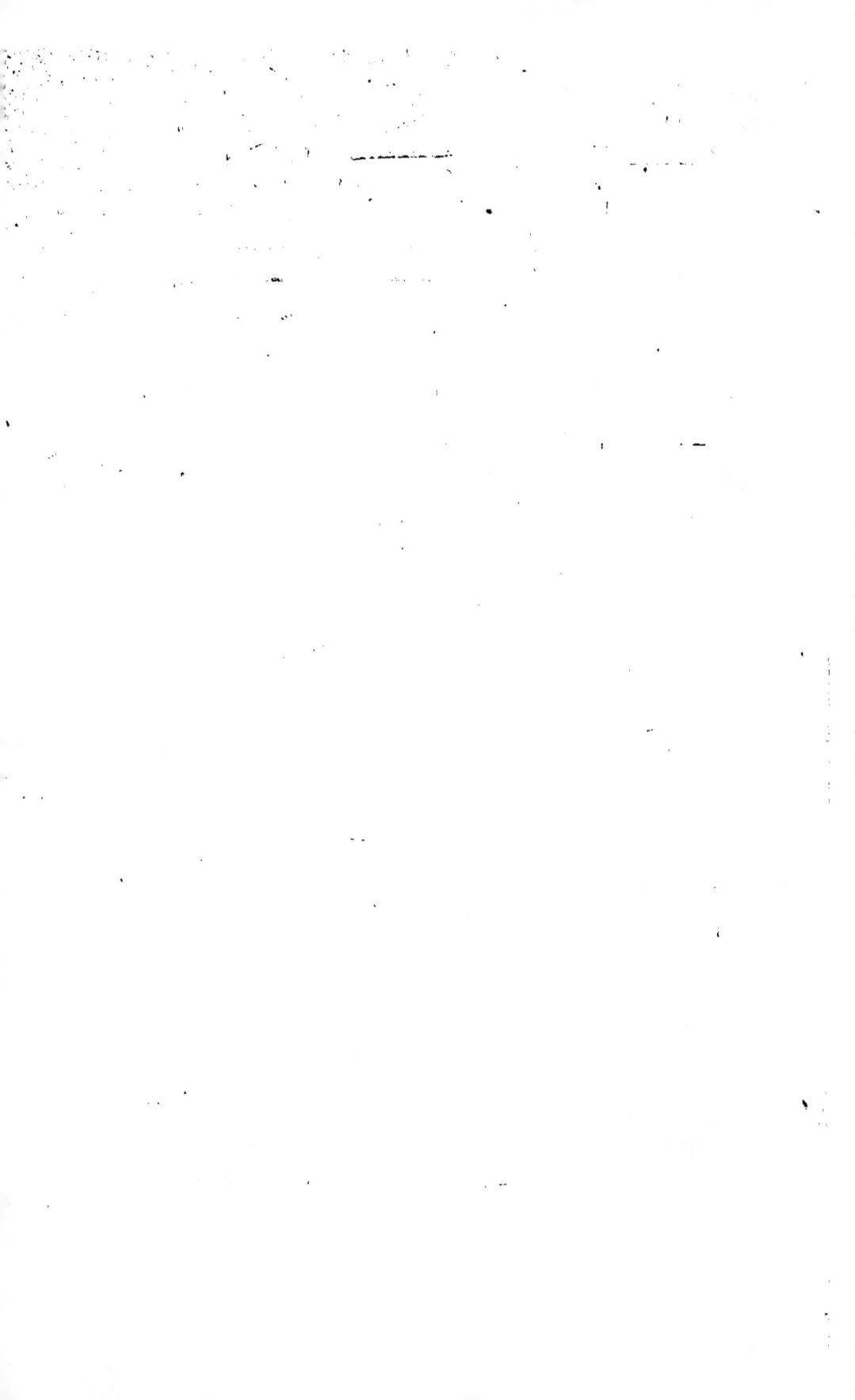

III

LA NATURE COMPLEXE DES PRIX DE REVIENT

L'augmentation des frais de revient qui résulte de l'aggravation des charges militaires paraît bien être, tout d'abord, une de ces questions qui, par leur évidence manifeste, suggèrent à tous de faciles jugements *à priori*; mais, pour peu qu'on la médite, on reconnait bientôt qu'elle ne saurait être satisfaite au moyen d'un pur exposé de principes et de conséquences économiques, et qu'il faut appuyer l'étude qu'elle réclame, de documents, de dénombrements, et de comparaisons statistiques, de recherches documentaires étendues et variées, portant à la fois sur divers pays et sur plusieurs époques ; de manière à saisir et à contrôler, dans la multitude et la diversité des faits particuliers, l'influence permanente et générale que la question a pour objet de rechercher et d'apprécier aussi exactement que possible.

Cette réflexion a évidemment inspiré les auteurs du programme rédigé au nom de la Société d'Economie politique, pour le concours proposé par M. Arthur de Marcoartu, car la lecture dudit programme montre assez qu'ils ont tenu à faire ressortir le côté documentaire et statistique du problème.

Toutefois, la production est tellement gouvernée par une foule de circonstances variables, tantôt capitales et tantôt secondaires, selon le temps, le lieu, ou le mode de leur apparition, que l'on ne peut se faire illusion sur la possibilité de pénétrer et d'évaluer, jusque dans leur détail le plus intime, toutes ces tendances, tous ces besoins, et, généralement, tous ces faits si nombreux et si divers, qui peuvent, en un sens ou en l'autre, altérer les prix de revient.

Tout ce que l'on peut dire, c'est qu'en tenant compte, au moins sous forme de réserves, des principaux phénomènes concomitants et des conséquences de beaucoup d'améliorations pratiques, comme aussi des découvertes scientifiques, des transformations économiques et des réactions sociales, c'est-à-dire, en serrant d'assez près les résultats des progrès techniques, de la concurrence, des transports améliorés, de l'arbitraire spéculatif ou gouvernemental, de l'accord des intérêts communs et des répercussions générales, on aura suffisamment déblayé les avenues, et déterminé les tenants et aboutissants de la question, pour être reçu à regarder comme négligeables, et se faisant contre-poids, les faits de moindre importance que l'empirisme professionnel, la vie commune, et le mouvement général peuvent journellement produire.

Le monde économique présente un ordre aussi varié que perfectible, et l'on y aperçoit des groupements naturels très nombreux et d'aspect très différent, dont le mouvement respectif est très inégal, outre qu'il présente souvent des oppositions et des contradictions.

Ces mouvements, dont l'intrication extrême rend incertains et confus les résultats de l'exploration directe, proviennent d'une multitude d'interventions arbitraires et de chocs en retour dont la raison composante ne saurait être exactement fournie, comme par exemple, de la mise en contact de producteurs et de consommateurs nouveaux, de perfectionnements dans l'outillage général, de découvertes scientifiques, et quelquefois aussi d'une politique spécialement vouée à la satisfaction de certains intérêts prétendus nationaux.

Il existe en ce moment pour des raisons multiples un déclassement économique général ; chaque jour voit se produire un déplacement, une transformation de forces économiques. La société en est ébranlée et se modifie sous sa puissante influence, et le grand malheur de notre temps tient, au fond, à l'inégalité de nos progrès, soit qu'on considère cette inégalité par rapport aux divers pays, ou par rapport aux diverses fonctions économiques ; car les progrès de chaque groupe ethnique, lorsqu'ils ont une grande intensité naturelle, ou lorsqu'ils résultent d'inventions ou de méthodes nouvelles causent nécessairement des malaises, des souffrances, sinon des catastrophes et des ruines dans des sections économiques correspondantes.

Il est vrai que le profit général des progrès accomplis est toujours acquis, et répare de lui-même, généralement en quelques années, les dommages éprouvés par ceux qui ne peuvent transformer à temps leur outillage et leurs procédés ; mais il est évident que les producteurs selon une méthode que condamne une invention nouvelle ne peuvent guère lutter avec les possesseurs privilégiés d'une invention qui économise beaucoup de temps, de travail ou de frais.

Il y a, par exemple, des inventions dont l'effet sur les prix est véritablement merveilleux, et pour n'avoir pas besoin d'insister sur ce point, on peut se contenter de rappeler que le procédé pneumatique Bessemer et les fourneaux régénérateurs à gaz du docteur Siemens ont fait tomber de plus de 70 0/0 le prix de l'acier.

Ces quelques considérations font assez ressortir la nature variée et complexe du problème. On voit par cela même avec quelle science et quelle conscience il faudrait pouvoir analyser une telle question pour en donner une solution vraiment complète.

Il est évident qu'un dénombrement superficiel des

circonstances d'une production, en regardant ces circonstances d'une façon plus ou moins absolue, conduirait souvent à de nombreux non-sens dans une étude d'aspects aussi variés.

Si l'on examinait seulement ce qu'il y a d'extérieur, pour ainsi parler, dans le mouvement des prix, c'est-à-dire si l'on s'en tenait purement à la comparaison des prix eux-mêmes, inévitablement l'enquête à laquelle on se serait livré tournerait sur elle-même et n'aboutirait guère la plupart du temps.

En admettant même qu'on laissât de côté la considération du mouvement que les prix peuvent effectuer dans le cours d'une année, ce qui éviterait déjà de grandes causes d'appréciations erronées, par suite de l'influence quelquefois stupéfiante du jeu, on n'échapperait cependant pas à des incertitudes accablantes, et à des contradictions souvent fort embarrassantes.

Il y a des réactions et des répercussions multiples et diverses, qui modifient tour à tour, dans un sens ou dans l'autre, les valeurs des capitaux fixes et des capitaux circulants, et de telle manière que la raison ne s'en peut obtenir que par une scrupuleuse investigation des phénomènes, considérés d'abord en eux-mêmes et comparés ensuite avec les faits connexes, ou simplement coexistants, pour en faire éclater la concordance ou la discordance, afin de rapprocher le résultat de ces comparaisons de la démonstration qui fait l'objet de l'étude.

Des mouvements comme ceux que le sucre et le café ont éprouvé depuis un an, par exemple, bien qu'essentiellement spéculatifs, ne manquent pas d'agir fortement sur les moyennes et forment de véritables trompe-l'œil ; c'est ce qu'il faut toujours se dire quand on a sous les yeux les tables ou les graphiques des prix moyens.

Il est évident que si le sucre a pu monter de 40, et jusqu'à près de 60 0/0 en quelques mois, et que si le café a pu s'élever en quelques jours à Hambourg, lors du « Corner » de septembre 1888, de 65 à 247 pfenning, on ne peut cependant en tirer aucune indication par rapport au but que nous poursuivons. Pourtant d'aussi singuliers mouvements ont déplacé dans une mesure considérable les fortunes de ceux qui s'y sont engagés ; les crédits en banque en ont été altérés, les rapports commerciaux en ont été faussés, et certainement diverses productions et consommations en ont fortement subi le contre-coup.

Quant à chiffrer l'intensité de ces résultats, c'est ce qui échappe à toute analyse, puisque ces influences se perdent dans la foule des innombrables événements journaliers, dont se composent les faits économiques généraux accessibles à nos recherches.

Parmi ces derniers, et c'est là où nous voulons en venir, nous en trouverons qui, sous le rapport des mouvements des prix, ne nous présenteraient directement qu'un va-et-vient des valeurs assez inexplicable, si l'on ne tenait pas compte des faits connexes ou co-existants dont nous avons parlé.

Ainsi nous lisons dans *La France Economique* de M. A. de Foville que la valeur moyenne à l'hectare, en France, de la propriété non bâtie était de 1,275 fr. en 1851, de 1,850 fr. en 1862, de 2,000 fr. en 1874, tandis qu'elle n'était plus que de 1,830 fr. en 1879 et de 1,700 fr. en 1886. Que pourrait donc bien signifier une telle hausse suivie d'une telle baisse de la valeur du sol, si l'on ne tenait pas compte de la nature des terrains, de leur situation, des transformations et des épreuves de la culture et de l'industrie, et généralement des circonstances qui ont pu influer sur la production, comme, par exemple, l'effet des impôts, les encouragements agricoles, le mouvement général des valeurs d'après le marché des capitaux, les mesures gouvernementales, nationales ou étrangères, les mouvements de la population, l'extension des chemins de fer, des télégraphes, etc.

Quelque assidues, quelque patientes et quelque nombreuses que doivent être nos recherches, nous ne pourrons donc nous étendre dans ce travail jusqu'à considérer intégralement, pour chaque pays d'Europe par exemple, ce qui a caractérisé la manipulation de tous les produits. Ce serait une entreprise fastidieuse et moins instructive qu'elle n'en aurait l'air, à cause de l'obscurité de chacun des faits donnés comme explication et qui auraient besoin eux-mêmes d'être discutés. Du reste, de telles recherches ne pourraient se faire qu'à la condition — qui, jusqu'à présent n'a pas été remplie, et dont l'accomplissement résultera peut-être du Congrès de statistique de cette année à Paris — de créer un Bureau universel de statistique officielle centralisant, classant et comparant systématiquement les données statistiques que peuvent fournir les différents Etats.

Notre but en ce moment est surtout d'exposer la nature des réserves par lesquelles nous tenons à couvrir notre discussion tout entière, car c'est moins dans le nombre des chiffres que dans leur valeur, et moins dans leur étalage que dans l'à-propos de leurs rapprochements que nous pouvons tirer quelque profit de leur observation.

Ainsi une des premières remarques d'ordre général qu'il est nécessaire de rappeler, tient dans ce fait que, malgré la tendance irrécusable au nivellement universel, et malgré les progrès que l'homme a accomplis, il se rencontre fréquemment beaucoup d'inégalités de valeur pour un même article.

Pour apprécier cette disparité de valeur, il suffit de consulter le tableau ci-contre où nous avons rapproché les prix extrêmes de diverses marchandises en France, d'après les statistiques officielles du Ministère de l'agriculture (bulletin de Novembre 1888).

Prix moyens par département des Céréales, Denrées alimentaires, Fourrages, Combustibles, etc., en 1887 :

		Prix le plus élevé Fr.		Prix le moins élevé Fr.	
Froment	Hautes-Alpes	22.66	Côtes-du-Nord	15.85	l'hectol.
Méteil	Tarn-et-Garonne	17.50	Loire	11 66	»
Seigle	Dordogne, Lozère	14.53	Somme	9.22	»
Orge	Alpes-Maritimes	12.40	Ille-et-Vilaine	7.81	»
Sarrasin	Lot	12 50	Cher	7.43	»
Maïs	Var	15.46	Htes-Pyrénées	9.43	»
Avoine	Alpes-Maritimes	10.50	Meurthe-et-Moselle	6 12	»
Farine	Seine	45.32	Puy-de-Dôme	28.25	le quintal
Pain blanc	Pyrénées-Orientales	0.43	Vendée	0.29	le kil.
Pain bis	Gard	0.35	Vendée	0.23	»
» »	Hautes-Alpes	0.35	Dordogne, Morbihan	0.22	»
Pommes de terre	Oise	10.24	Htes-Pyrénées	2.82	l'hectol.
Viande, bœuf	Gironde	2.03	Haute-Garonne	1.22	le kil
» vache	Gironde	1.80	Lot	1.01	»
» veau	Alpes-Maritimes	2.45	Htes-Pyrénées	1.01	»
» mouton	Nord	2.06	Corse, Htes-Pyrénées	1.17/8	»
» porc	Aisne	1 91	Dordogne	1.22	»
Foin	Alpes-Maritimes	12.72	Basses-Pyrénées	4.36	le quintal
Paille	Alpes-Maritimes	8.30	Basses-Pyrénées	2.53	»
Bois de chêne	Bouches-du-Rhône	22.19	Basses-Pyrénées	4.83	le stère
Charbon de bois	Seine-et-Marne	17.22	Tarn-et-Garonne	5.18	le quintal
Charbon de terre	Loire-Inférieure	6.09	Basses-Alpes	2.—	»

La même observation peut évidemment être répétée pour tous les pays, quand on peut la faire ainsi pour la France, pays centralisateur et égalitaire par excellence, et nous croyons qu'il est inutile de multiplier nos comparaisons sur ce point. Cependant, pour saisir la tendance au nivellement général des prix, il est bon de transcrire ici un tableau qui montre bien la réalité de ce mouvement.

Nous extrayons ce tableau du *Report of the Commissioner of Agriculture* (1886) et, comme il s'agit de pays neufs, comme ces chiffres portent sur plusieurs années consécutives et ne comparent que les prix d'un seul article entre quinze des Etats de la Confédération Américaine, nous pensons que la démonstration qu'il établit est aussi complète que possible.

Prix moyen du Froment de 1875 à 1886

	1875	76	77	78	79	80	81	82	83	84	85	86
Kentucky	105	100	99	76	108	93	131	90	95	74	95	72
Ohio	109	114	124	86	120	102	129	95	99	75	91	74
Michigan	115	116	122	85	117	97	125	90	96	74	84	73
Indiana	97	102	113	81	117	99	127	90	95	67	86	70
Illinois	91	93	104	75	107	95	122	86	92	63	81	69
Wisconsin	91	101	93	67	104	100	119	90	88	60	76	68
Minesota	86	90	91	51	94	87	106	82	80	50	70	61
Iowa	71	90	87	50	92	82	106	70	80	55	67	60
Missouri	95	89	100	67	101	89	119	85	88	62	77	63
Kansas	87	86	82	59	89	70	105	67	78	45	65	58
Nebraska	64	73	83	49	84	73	97	67	70	42	57	47
Dakota	—	—	—	—	—	—	—	80	72	46	63	52
Etats-Unis	100	103.7	108.2	77.7	110.8	95.1	119.3	88.2	91	64.5	77.1	68.7
Le plus grand écart est de	51	43	42	37	36	32	34	28	29	33	38	27

Malgré cette tendance au nivellement général des prix, laquelle peut être facilement saisie dans l'exemple ci-contre, on voit néanmoins qu'il y a des phénomènes qui ne peuvent être entièrement analysés que par des dénombrements excessivement étendus, et qu'il faut s'en tenir le plus souvent, comme dans le cas actuel, à des aperçus servant d'indices, d'ailleurs suffisants, pour les besoins de la discussion.

Nous ne pouvons pas avoir la prétention d'analyser, même imparfaitement, toutes les catégories de circonstances se rapportant au phénomène général dont nous nous occupons ; mais, au risque d'alourdir notre étude, nous tenons à relever certains faits ayant à nos yeux un caractère essentiel et offrant par cela même un intérêt majeur dans la question. Ainsi, nous avons observé la tendance des prix de divers articles, notamment du froment ; or, il est bon de voir quel a été le mouvement correspondant dans les prix de transport de cette marchandise.

Dans cette vue, rien ne saurait nous être plus utile que le tableau ci-après, qui montre quel a été moyennement, dans les diverses années passées, le coût du transport des blés d'Amérique. Ces blés ont été un moment l'épouvantail, complaisamment agité, de la culture européenne, ils ont donné lieu à de longues discussions, il est donc particulièrement intéressant de consulter ces chiffres extraits du *Report of the Commissioner of Agriculture* (1886).

Coût moyen par bushel du transport des froments de New-York à Liverpool pendant la période de 1873 à 1886 inclusivement :

	Par Vapeur		Par Voilier	
	Pence	Cents	Pence	Cents
1873..........	10.56	21.12	9.91	19 82
1874..........	9.08	18.16	7.83	15.66
1875..........	8.07	16.14	7.12	14.24
1876..........	8.02	16.04	7.64	15.28
1877..........	6.93	13.86	6.76	13.52
1878..........	7.61	15.22	7.09	14.18
1879..........	6.20	12.40	5.90	11.80
1880..........	5.88	11.76	5.10	10.20
1881..........	4.08	8.16	4.75	9.50
1882..........	3.87	7.76	—	—
1883..........	4.54	9.08	6.25	12.50
1884..........	3.40	6.80	5.—	10.—
1885..........	3.60	7.20	—	—
1886..........	3.46	6.92	—	—

Le gàin économique est ici vraiment remarquable, et nous nous abstenons à ce sujet, de commentaires tout-à-fait superflus, en face de la régularité tendentielle du tableau ci-dessus.

Par tout ce qui précède, notre remarque, sur la complexité du problème soumis à notre investigation, demeure parfaitement établie; néanmoins, nous croyons devoir encore rappeler un phénomène qui, par son action générale, a eu une influence considérable sur les prix des divers articles ; nous voulons parler de la production des métaux précieux, et du rapport de leur valeur avec le prix des choses.

En ce qui concerne la production de ces métaux, le docteur Brock a présenté à la conférence monétaire de 1881, comme le rappelle le *Fenn on the funds,* un relevé du docteur Soetbeer, de Gottingen, donnant, comme suit, la production de l'or et de l'argent dans le monde, de 1851 à 1879 :

Or fin	kil.	5.451.000	Valeur Fr.		18.778.000.000
Argent fin	»	40.957.000	»	»	9.101.000.000

Aussi est-il arrivé que la valeur relative de l'or et de l'argent a été de plus en plus altérée, comme il a été souvent dit, dans mainte discussion, à propos du bi-métallisme, et comme le montre bien le tableau ci-après, qui fait ressortir cette altération.

Rapport de l'argent à l'or, d'après les tables de Pixley et d'Abell jusqu'à 1878 et d'après les avis quotidiens de Londres, de 1878 à 1886 :

1870	15.57	1876	17.88	1882	18.19
1871	15.57	1877	17.22	1883	18.64
1872	15.63	1878	17.94	1884	18.57
1873	15 92	1879	18.40	1885	19.41
1874	16.17	1880	18.05	1886	20.78
1875	16.59	1881	18.16		

A ce sujet, il y a un intérêt particulier à relever quelques comparaisons que fait le *Fenn on the funds* touchant les modifications générales des valeurs, à la suite des mouvements des métaux précieux. C'est le moyen de faire voir encore, sous ce rapport, combien nous avions raison de peser, dans notre discussion, sur ce fait de la complexité extraordinaire des phénomènes qui entrent dans la composition des prix de revient.

	Prix moyens en pence de l'argent par once	0/0	Prix moyens en or de 22 articles principaux
	—		—
1845 à 50	59.1/2	100	Avant la découverte de l'or en Californie et en Australie.
1853	61.1/2	107	Venue de l'or d'Amérique et d'Australie
1857	61.3/4	127	Envoi en Orient de £ 16.700.000 d'arg.
1859	62.1/16	115	» » » 14.800.000 »
1867	60.1/2	137	Après la guerre civile des Etats-Unis.
1871	60.1/2	119	L'or commence à venir en Allemagne.
1873	59.1/4	132	L'Allemagne adopte un étalon d'or. — Augmentation générale des prix. — Grande production d'argent en Amérique.
1876	52.3/4	124	Panique sur l'argent.
1879	51.1/4	102	L'Allemagne arrête ses ventes d'argent. — Les prix des articles sont fortement déprimés.
1881	51.3/4	109	La demande de l'or augmente.
1886	46.—	93	Plus bas niveau des prix.

Comme on le voit les modifications des valeurs tiennent, même à un point de vue très général, à une multitude d'influences très importantes, et, parmi celles-là, nous citerons encore la contradiction qui existe, en nombre de cas, entre les prix de gros et les prix de détail, contradiction qui, par sa généralité, mérite d'être tout particulièrement mentionnée. Des travaux tout-à-fait intéressants et très remarquables nous dispensent d'une analyse personnelle, et la question ne peut que gagner à être traitée de cette manière.

On lit, par exemple, ce qui suit, dans le rapport de M. Teisserenc de Bort, sénateur, président de la Commission des valeurs de douane à M. le Ministre du Commerce et de l'Industrie, et datée de Paris, le 1er Septembre 1888.

« Il y a un axiome en matière d'économie com-
» merciale, qui présente l'abaissement des prix
» comme le moyen le plus efficace et le plus prompt
» pour développer la consommation. Or, les travaux
» de la Commission des valeurs en douane constatent
» depuis un grand nombre d'années, un avilisse-
» ment continu des prix des objets de toute sorte ;
» comment cette baisse est-elle restée sans efficacité
» pour imprimer un regain d'activité à la consom-
» mation publique ?

» La cause de cette anomalie apparente est tout
» entière dans le double fait que voici : les prix notés
» par la Commission des valeurs sont les prix de la
» vente en gros ; les prix payés par le consommateur
» sont les prix de détail, et comme les prix de détail
» n'ont pas suivi dans leur marche descendante, les
» prix de gros, la situation du consommateur n'a pas
» été changée.

» On aurait pu croire que la concurrence si puis-
» sante d'ordinaire pour ramener les cours à leur
» juste niveau, aurait suffi pour obliger les détail-

» lants à faire bénéficier leur clientèle des réduc-
» tions des prix des marchandises qu'ils achetaient
» de première main, et cet effet se serait certaine-
» ment produit si les conditions dans lesquelles
» s'exerce la vente en détail étaient restées ce
» qu'elles étaient autrefois ; mais, les progrès des
» habitudes de bien-être qui se manifestent partout,
» et qui ont été plus accentués peut-être dans le mi-
» lieu des boutiquiers que partout ailleurs, le déve-
» loppement des goûts du luxe dans les installations
» et dans la tenue des magasins, dans les toilettes
» des dames de comptoir, l'aggravation des impôts
» ont singulièrement accru les charges des détail-
» lants et grossi le *quantum* des frais généraux,
» qu'ils sont obligés d'ajouter à leurs prix d'achat,
» pour balancer leurs comptes.

» Il n'est d'ailleurs que juste de dire que le public
» a puissamment contribué à enraciner des usages
» dont il se plaint quand il faut en solder le prix. Il
» ne s'accommoderait certainement pas, aujourd'hui,
» d'aller chercher son pain, sa viande, dans les
» réduits obscurs et malpropres que nous avons tous
» connus dans notre enfance.

» On constate aussi que le nombre des détaillants
» dans les villes s'est accru dans une proportion
» absolument exagérée, qui s'explique cependant par
» la répugnance de plus en plus marquée du con-
» sommateur, à aller chercher loin de sa demeure,
» les objets courants dont il a besoin. Il en résulte
» que, pour débiter une quantité de marchandise

» limitée, il faut entretenir un plus grand nombre
» de familles, payer un chiffre de loyers et d'impôts
» plus considérable et, par suite, prélever sur le
» public une plus large rémunération

» On a beaucoup cherché, depuis quelque temps,
» le moyen d'alléger le tribut que paie le consom-
» mateur à l'intermédiaire, on recommande l'orga-
» nisation de syndicats, de sociétés d'approvision-
» nement. Mon rôle n'est pas d'enregistrer ces
» solutions, ni d'en discuter le mérite, il me suffit
» d'avoir expliqué comment l'abaissement des prix
» est resté pendant ces dernières années, sans
» influence sur les progrès de la consommation. »

La contradiction dont nous parlons plus haut est éclatante ici entre l'abaissement des prix de gros et tout au moins le stationnement des prix de détail, et les considérations dont cette observation est accompagnée dans le travail que nous avons transcrit, sont trop lumineuses pour que nous ayons quoi que ce soit à y ajouter.

C'est par de tels aperçus que nous arrivons à serrer la question de plus en plus près, en la dégageant des grandes influences qui concourent, avec les charges militaires, à forcer les prix de revient de la production générale.

Quant aux réactions d'ordre inférieur, leur nombre et leur diversité sont tels que, quelque effort que nous fassions, notre analyse ne les pourra atteindre que dans quelques cas spéciaux, et d'une manière plus superficielle encore que celle à laquelle nous avons dû nous soumetttre pour des faits plus accessibles.

En les abordant néanmoins, nous pénétrerons plus intimement dans cette étude, qui se développe ainsi par une marche naturelle et méthodique en dehors de laquelle nous n'aurions pu présenter que des appréciations vagues, inconsistantes et peu substantielles, faute d'une liaison suffisante.

De cette manière, quand nous arriverons au nœud même de la question posée, nous serons reçu à fournir une discussion, dont le caractère très relatif, mais rationnel, ressortira assez des contradictions, des oppositions, des réactions et des répercussions qui motivent nos réserves, et que ces divers aperçus passent en revue, en relevant d'ailleurs, parmi les données que nous procure la statistique, un certain nombre de documents qui éclairent singulièrement la question, et guident admirablement notre marche.

IV

L'INÉGALITÉ DE PROGRÈS ET DE CONCURRENCE

Nous avons déjà pu souligner par l'examen comparatif des prix de vente de divers articles, à des époques différentes et en plusieurs pays, la complexité vraiment considérable de la question des prix de revient, question qui englobe une foule de faits de tout ordre qu'il nous fallait au moins dégager d'une manière générale, afin de pouvoir considérer isolément l'augmentation des prix que cause l'aggravation des charges militaires.

Cependant, s'il nous avait fallu passer en revue tous les faits généraux qui contribuent à la formation des prix de revient, les limites de ce travail auraient eu singulièrement à s'élargir, car nous aurions eu à signaler l'ensemble même des réactions sociales et économiques sur la production, et à nous livrer à des comparaisons sans nombre sur le régime économique des principaux pays, en considérant la foule des conditions qu'y supportent, librement ou arbitrairement, la propriété, le profit, l'intérêt, le salaire, l'échange, la concurrence, le crédit, le change, l'épargne, le luxe, etc., etc., toutes choses que les travaux de nos Maîtres ont analysées scrupuleusement, ce qu'il n'est pas, heureusement, indispensable de répéter dans cette étude.

Sans nous arrêter longuement, par conséquent, sur les diverses catégories de phénomènes intégrants, nous nous contentons de faire ressortir, par quelques exemples concluants, la nature et la portée de faits importants, dont l'appréciation éclaire assez la discussion pour nous dispenser de plus longs développements sur la catégorie de phénomènes à laquelle chacun d'eux se trouve appartenir.

C'est ainsi que, poursuivant notre analyse, nous allons pénétrer d'une manière plus intime encore dans la question des prix de revient, voulant la voir maintenant dans quelques-unes de ses causes, après l'avoir étudiée dans quelques-uns de ses résultats.

La principale de ces causes, et celle qui peut par elle-même contrebalancer avantageusement les circonstances fiscales les plus fâcheuses, réside dans l'efficacité du travail humain, c'est-à-dire dans l'importance du rendement de la production.

Nous avons déjà observé les efforts qui ont été

faits dans les diverses sections économiques pour augmenter ce rendement, efforts qui constituaient, somme toute, par leurs résultats, une grande partie de nos progrès généraux; toutefois, nous n'avons plus à rechercher les tendances, mais à souligner les inégalités de la production.

Sous ce rapport, la *Statistique agricole*, de 1882, par les données qu'elle nous fournit, nous permet de bien intéressantes comparaisons. Ainsi, dans le tableau ci-après, nous comparons entre eux, et avec ceux de production moyenne de toutes les céréales, les chiffres de production moyenne du froment, du seigle, de l'orge et de l'avoine en France, dans le Royaume-Uni, en Belgique, en Hollande, en Allemagne, en Danemarck, en Autriche, en Hongrie et en Russie.

En hectolitres :

	Céréales	Froment	Seigle	Orge	Avoine
France	19.61	17.98	16.38	19.73	25.15
Roy.-Uni	31.65	28 —		31.53	33.10
Belgique	25.67	21.50	20.03	28.16	35.86
Hollande	24.50	22.70		37.09	33.80
Allemagne	19.10	17.17	15.—	22.20	25.15
Danemarck.	24.60	22.10		28.63	28.54
Autriche	16.47	14.12	12.43	18.90	18.99
Hongrie	14.45	10.33	13.74		
Russie	9.51	8.10	8.92	7.33	13.90

En ce qui concerne l'orge, ces chiffres ont été récemment confirmés dans une note de M. Tisserand, conseiller d'Etat, directeur de l'Agriculture. Les seules variantes à y relever sont les suivantes :

	hectolitres
	—
France (moyenne des dix dernières années)	17.88
Autriche » » »	16.97
Hongrie » » »	18.48

L'inégalité des rendements de la production est assez sensible dans les chiffres qui viennent d'être relevés pour que nous n'ayons pas y insister ; mais cette inégalité, pour être plus intimement aperçue, devrait aussi s'analyser par la comparaison du poids relatif de chaque rendement.

A ce point de vue, nous comparons pour la France les chiffres de 1882 de la Statistique décennale avec ceux de 1886 fournis par la Statistique annuelle à l'égard du froment, du seigle, de l'orge et de l'avoine.

	1882	1886
	—	—
	Kilog.	Kilog.
	—	—
Froment	76.31	79.49
Seigle	71.56	73.41
Orge	62.43	64.38
Avoine	46.86	49.04

Le choix des espèces cultivées, les soins donnés à la culture, la constitution des terres, la richesse des engrais, les influences climatériques et météorologiques agissent considérablement sur la nutrition des végétaux ; de là vient une multitude d'inégalités de rendement dans les divers pays, dont il suffit à notre but d'avoir rappelé l'importance.

Nous pourrions multiplier de tels dénombrements ; mais nous devons, de préférence, varier nos observations, afin de mieux apercevoir toute la complexité de la question que nous examinons.

Voici, par exemple, un tableau dressé sur les rapports consulaires, et qui rassemble quantité de faits touchant la production du lait, du beurre et du fromage dans divers pays.

Il est remarquablement intéressant, en effet, de pouvoir comparer le produit annuel des principales races dans les pays ci-après :

Rendement moyen annuel de lait et poids nécessaire pour la fabrication du beurre :

Race	Moyenne annuelle de lait en livres anglaises	Quantité nécessaire pour obtenir une livre de beurre	Quantité nécessaire pour obtenir une livre de fromage
—	—	—	—
ANGLETERRE			
Shorthorn	11.500	40	
Hereford	9.500	30	
Red-Polled	11.250	35	
Aberdeen	9.000	27	
Welsh	4.000	13	
Jersey	7.000	20	
Ayrshire	9.000	35	16

Race	Moyenne annuelle de lait en livres anglaises	Quantité nécessaire pour obtenir une livre de beurre	Quantité nécessaire pour obtenir une livre de fromage
ECOSSE			
Improved Polled-Angus	4.000	24	10
Shorthorn	4.200	26	10 1/2
Ayrshire	6,000	25 1/2	10 1/4
West-Highland	2.500	24	10
Polled-Galloway	2.500	24	10
IRLANDE			
Shorthorn	9.450	38	
FRANCE			
Flamande	6.750	27 1/2	
Normande	7 500	32 1/2	
Bretonne	4.500	17 1/2	
De Salers	4.000	20	
SUISSE			
Bernoise tachetée	7.162 à 7.665	26 à 30	9 1/2 à 10
Schwytzer brun	7.000 à 7.454	29 1/2	10 1/2
ITALIE			
Piémontaise	5.000	15	8 1/2
Races mêlées	5.000	15	8 1/2
Montagnes	8.000	12	7 1/2
Chianina	4.500	22 1/8	
Tyrolienne	8.000	27 7/16	13 5/8
Bellunoise	2,850	27 7/16	13 5/8
Schwytz	8.600	25	11 1/16

Race	Moyenne annuelle de lait en livres anglaises	Quantité nécessaire pour obtenir une livre de beurre	Quantité nécessaire pour obtenir une livre de fromage
—	—	—	—

ALLEMAGNE

Oldenburg	6.100	35	
Jeverland	6.300	38 à 39	16
Geestland	5.000	38	
Ost-Friesland	6.400 à 8.400	35 à 38	16
Shorthorn	5.000 à 6.000	33	
Plaines silésiennes	5.000	14	7
Thuringiennes	4.800	22	5
Wurtemberg	5.000	50 à 60	22
Messkircher	5.000	33	25 à 28
Baar	5.000	33 à 35	10
Pinzgauer	5.500	26 1/4 à 30 3/4	
Miesbacher	5.060	26 1/4 à 28 1/2	
Simmenthaler	5.500	26 1/4 à 28 1/2	
Ausbacher	5.500	» »	
Kellheimer	3.300	24 à 28 1/2	
Allgaüer	6.600	» »	
Glan-Donnersberger	4.408	26 1/4 à 30 3/4	
Scheinfelder	4.400	26 1/4 à 28 1/2	
Ellinger	5.500	26 1/4 à 28 1/2	
Voigtländer	3.300	26 1/4 à 28 1/2	
Murnau-Werdenfelser	4.950	26 1/4 à 28 1/2	
Bayreuther	4.400	24 à 26	
Harz	2.640 à 3.520	35	17 1/2
Birkenfelder	9.708	35	17 1/2
Westerwälder	7.600 à 8.250	35 à 37	17 1/2
Eifel	7.700 à 8.250		

Race	Moyenne annuelle de lait en livres anglaises	Quantité nécessaire pour obtenir une livre de beurre	Quantité nécessaire pour obtenir une livre de fromage
—	—	—	—
DANEMARCK			
Rouge	6.500	28	
Jutland	5.800	26	
HOLLANDE			
Groningen	6.600 à 9.900	20 à 25	
Friesland	9.900 à 11.000	20 à 25	
Drenthe	4.400	42	
Nord-Holland	11.440	24	16
Sud-Holland	9.900	24	16
RUSSIE			
Yaroslaw	3.080	25 à 27	8 à 11
Vologda et Kostroma	2.640	22 à 26	8 à 11
Tver. Novgorod	4.840	24 à 27	8 à 11
Cholmogory	3.960 à 5.280	27 à 32	8 1/2
HONGRIE			
Blanche Podolienne	1.800	13 1/2	10 1/2
Rouge tachetée	4.050 à 5.170	19 à 22	11
Brachyceros	4.400 à 5.500	22 à 25	12 1/2
Pinzgauer	3.800 à 4.950	21 à 24	17
Marienhofer	3.840 à 4.040	25 1/2	

Race	Moyenne annuelle de lait en livres anglaises	Quantité nécessaire pour obtenir une livre de beurre	Quantité nécessaire pour obtenir une livre de fromage
—	—	—	—
CANADA			
Shorthorn	4.050	25	—
Ayrshire	5.925	24 2/3	9 2/3
Ayrshire (Ontario-Oriental)	6.000	23	10
Aberdeen - Poll (Ontario-Oriental)	6.000	24	10
Devon (Ontario-Oriental)	5.500	22	10
Durham (Ontario-Oriental)	5.500	22	10
Galloway (Ontario-Oriental)	6.000	24	10 1/2
Hereford (Ontario-Oriental)	6.000	24	11
Holstein (Ontario-Oriental)	6.500	26	12
Jersey (Ontario-Oriental)	6.500	20	10
CANADA (Ontario Sud-Occidental)			
Shorthorn	2.550	22 1/2	12
Canadienne	4.800	25	11 1/3
Hereford	2.340	24	11 1/2

A ces observations, d'un caractère très spécial, ajoutons quelques remarques que nous fournit l'ouvrage de M. G. Michael G. Mulhall, *The History of Prices*, concernant les faits généraux d'ordre agricole :

Produit moyen annuel par paysan :

Etats-Unis	920	bushels de céréales
Grande-Bretagne	540	»
Canada	350	»
Allemagne	245	»
France	220	»
Autriche	180	»
Espagne	160	»
Russie	156	»
Italie	148	»

Ces données sont nécessairement sujettes à beaucoup de réserves ; mais l'ordre relatif de classement et le chiffre respectif des productions peuvent être regardés comme suffisamment exacts et bien fondés ; de sorte que l'énorme écart des nombres fait bien apercevoir l'inégalité considérable des divers pays producteurs, sous le point de vue du rendement brut en nature.

Le même ouvrage nous permet encore une comparaison importante du capital et du produit agricole par habitant dans les pays ci-après :

	Capital	Produit brut	
	£	£	0/0
Danemarck	135	18.5	10.[illegible]
Suède	84	9.0	10.[illegible]
Hollande	82	11.2	13.[illegible]

	Capital	Produit brut	
	£	£	0/0
France	80	11.4	13.^{7}
Norwège	71	7.1	9.^{9}
Grèce	69	5.0	7.^{8}
Royaume-Uni	61	7.2	11.^{5}
Belgique	60	8.0	13.^{4}
Allemagne	55	9.9	16.^{4}
Portugal	46	7.0	15.^{2}
Espagne	45	8.0	17.^{7}
Autriche	45	8.0	17.^{7}
Italie	33	6.0	18.^{1}
Russie	25	6.0	24
Australie	106	24.7	22.^{6}
Uruguay	90	11.0	12.^{3}
République Argentine	69	11.3	16.^{9}
Canada	57	11.6	19.^{3}
Etats-Unis	54	10.1	18.^{5}

Outre ce qu'il peut y avoir d'artificiel dans ces valeurs nominales, comme, par exemple, aux Etats-Unis avec les droits protecteurs, il resterait, entre autres faits à signaler ici, la part à prélever dans ces divers pays pour l'intérêt du capital, pour l'entretien des terres, pour les salaires, etc., et l'on aurait alors le produit net agricole de ces diverses contrées, mais ce qui précède suffit encore au but que nous poursuivons.

Si de la culture nous voulions passer à l'industrie, nous verrions, à ce même point de vue, se multiplier considérablement les motifs d'inégalité entre les divers pays producteurs.

Les mines, par exemple, nous offrent quelques observations intéressantes à faire d'après les chiffres de M. Michael-G. Mulhall confirmés, en ce qui concerne la France, par les dernières données officielles.

Pourcentage du Fer extrait des minerais de fer :

France	31 0/0
Allemagne	36 »
Angleterre	41 »
Etats-Unis	43 »
Russie	44 »
Suède	52 »
Australie	55 »
Algérie	58 »
Canada	60 »

Voici maintenant une comparaison faite, sur les chiffres de 1880, pour la production des charbons de terre.

	Tonnes extraites par mineur	Prix par tonne
	—	—
Grande-Bretagne	303	sh. 6.5 d.
Etats-Unis	295	» 8 »
Allemagne	270	» 4.5 »
Autriche	192	» 5.2 »
France	190	» 10.7 »
Belgique	168	» 7.2 »
Russie	160	» 5 »

Ce dernier rapprochement ouvre à la fois beaucoup d'aperçus sur l'efficacité du travail humain, résultant soit d'avantages naturels, soit d'un meilleur outillage, soit enfin des circonstances dépendant du régime fiscal, économique et social de chaque pays, et ces quelques chiffres soulignent très bien notre jugement sur cette question des prix de revient.

En effet, rien que dans les quelques données dont rappel est fait plus haut, il y a une démonstration abondante de cette variété considérable des contingences de notre étude, et l'on aperçoit facilement comme les producteurs des divers pays sont placés, les uns par rapport aux autres, dans une situation tout à fait inégale et singulièrement pénible quelquefois.

Il est évident que le producteur, qui jouit d'un fort rendement, voit proportionnellement se réduire les frais de sa production, et que, tout en recueillant un suffisant profit pour son travail, il peut véritablement écraser par sa concurrence, les producteurs moins heureux dans leurs efforts pour produire abondamment.

Cette observation, souvent faite d'ailleurs, est vraiment capitale, comme nous l'avons déjà vu, car elle permet, dans certains cas, à quelques producteurs, de supporter allègrement toutes les difficultés fiscales ou autres, qui annihilent presque complètement leurs concurrents.

A côté du rendement brut, que nous venons d'observer rapidement par cet aperçu, se place un phénomène duquel dépend beaucoup l'intensité du rendement net, la question des salaires étant, en effet, souvent la plus importante de celles auxquelles se heurte le producteur.

Il y aurait énormément à dire sur cette matière ; mais nous n'irons pas trop loin, si nous nous résignons à présenter quelques vues substantielles, en nous soumettant une fois de plus à la discipline que nous nous sommes imposée, et qui consiste à chercher surtout la valeur morale des données qui nous passent sous les yeux.

C'est un fait acquis que la main-d'œuvre devient de plus en plus exigeante, et nous pouvons en fournir mainte démonstration. Cette exigence se justifie par bien des motifs, car elle n'est pas toujours ce qu'elle devrait être, c'est-à-dire une démonstration de l'efficacité de plus en plus grande du travail humain. A la vérité, et dans un sens général, on peut encore dire cependant qu'il faut voir dans l'augmentation des salaires une preuve de nos progrès techniques ; mais, dans nombre de cas spéciaux, les circonstances sont telles que, soit par rapport à la concurrence intérieure et extérieure, soit par rapport à un développement insuffisant de la consommation, la production peut regarder comme son arrêt de mort, grâce aux autres charges qui la frappent, une augmentation un peu sérieuse des salaires.

En effet, il arrive souvent que l'augmentation des

salaires est réclamée, non pas à cause d'une marche plus heureuse des affaires, d'un meilleur rendement net de la production, d'une amélioration quelconque des conditions d'exploitation, d'un perfectionnement mécanique, etc., mais bien à cause des exigences de plus en plus grandes des conditions d'existence faites aux classes ouvrières.

Nous ne voulons pas entrer dans des détails trop étendus sur ces divers points, et chaque fois que nous pouvons résumer des observations importantes au moyen de données acquises à la science, nous ne manquons pas d'en profiter.

Ainsi dans le *Bulletin de Statistique et de législation comparée*, Juillet 1888, nous trouvons un intéressant travail élaboré par M. Carl Hampke, et publié d'abord dans le *Recueil du Staatswissenschaftlichen Seminar*, de Halle. Ce travail, prenant pour base la période de 1851-60, montre la progression des budgets privés dans la période décennale de 1861-70 et dans les périodes quinquennales 1871-75, 1876-80, 1881-85 pour la ville de Halle. Bien qu'il s'agisse là d'un cas spécial, il est, néanmoins, légitime d'en inférer une proposition générale, car le mérite de ce travail tient surtout dans la valeur numérique qu'il fournit à l'observation vulgaire que l'on peut faire partout en Europe.

Pour se constituer un régime identique, quatre familles de Halle auraient eu à dépenser annuellement :

	Nourriture	Logement	Propreté	Impôt	Service
1851-1860					
Ouvrier, Rentier, Fabricant, Employé supr.	100	100	100	les éléments manquent	100
1861-1870					
Ouvrier	101.0	125.0	101.0	100	»
Rentier	104.0	116.0	101.0	100	112.0
Fabricant	103.0	107.0	101.0	100	105.1
Employé supr.	100.7	105.0	101 0	100	105.4
1871-1875					
Ouvrier	125.0	161.0	95.0	106.7	»
Rentier	123.0	142.0	116.0	103.4	120.0
Fabricant	122.0	128.0	118.0	100.5	119.6
Employé supr.	118.0	126 0	116.0	100 6	128.7
1876-1880					
Ouvrier	122.8	168.0	93.0	109.8	»
Rentier	125.7	150.0	125.0	106.6	135 0
Fabricant	125.0	130.0	131.0	101.9	130 3
Employé supr.	120.7	131.0	119.0	102.9	139.0
1881-1885					
Ouvrier	121 8	190.0	84.0	81.6	»
Rentier	128.7	161.0	128.0	101 1	135.0
Fabricant	126.0	129.0	132.0	102.4	134.8
Employé supr.	123.0	130.0	131.0	103.5	140.0

Sous ce rapport de la cherté plus grande de la vie, la hausse des salaires est déjà bien justifiée ; mais à côté de ces conditions plus dures qui sont faites aux salariés, il faut mettre aussi l'accroissement de leurs prétentions au bien-être, car il n'est pas contestable qu'en général la population ouvrière s'alimente bien mieux qu'autrefois, et jouit aujourd'hui de la possession de beaucoup d'objets qu'elle ignorait absolument il y a une ou deux générations.

En ce qui concerne l'alimentation, on a fait voir, par les chiffres ci-après, comme les consommations générales se développent

Ainsi, pour la viande, M. de Foville nous présente la consommation suivante :

Millions de kilogrammes :

	Bœuf	Veau	Mouton et Chèvre	Porc	Totaux	par tête
1812.....	150	47	66	241	504	17
1830.....	239	67	88	270	664	21
1840.....	226	73	82	290	671	20
1852.....	314	116	106	298	834	23
1862.....	319	131	115	378	943	25

D'un autre côté, l'enquête agricole de 1882 nous fournit les données ci-après :

Consommation moyenne annuelle de Viande par habitant en France :

		1862	1882
Animaux abattus		kil. 25.90	kil. 32.92
Viandes fraîches importées		» 0.02	» 0.13
Totaux généraux		kil. 25.92	kil. 33.05
Population rurale		kil. 18.57	kil. 21.89
Population urbaine	Paris	» 66.65	» 79.31
	Autres villes	» 50.—	» 58.87

Le *Statistical abstract* nous offre un tableau bien intéressant à ce sujet, car il compare, pour un certain nombre d'articles, la quantité par tête consommée dans le Royaume-Uni en 1873 et en 1887 :

	Lard et Jambon	Beurre et Margarine	Fromage	Cacao	Café
	—	—	—	—	—
1873	℔ 9.01	℔ 4.38	℔ 4.63	℔ 0.26	℔ 0.99
1887	» 11.29	» 8.14	» 5.39	» 0.43	» 0.79

	Maïs, Froment, Farine de Froment	Œufs	Pommes de terre	Riz	Sucre brut	Sucre raffiné
	—	—	—	—	—	—
1873	℔ 170.51	20.52	℔ 26.12	℔ 11.35	℔ 43.88	℔ 7.61
1887	» 220.75	29.37	» 8.20	» 7.69	» 52.95	» 20.25

	Thé	Tabac	Vin	Spiritueux anglais	Spiritueux étrangers	Bière
	—	—	—	—	—	—
1873	℔ 4.10	℔ 1.41	gall. 0.56	gall. 0.91	gall. 0.32	gall. —
1887	» 4.95	» 1.44	» 0.37	» 0.72	» 0.23	» 26.90

Il est bon de se rappeler combien sont différentes les conditions dans lesquelles se trouvent les ouvriers des pays concurrents, et, entre autres observations intéressantes, nous pouvons mentionner le rapport de M. G.-E. Simon, sur la situation des ouvriers dans les campagnes.

Cette étude, faite à Pamiers, sur les ouvriers d'usine fait très bien ressortir l'avantage que trouvent les ouvriers à utiliser leurs loisirs et les chômages industriels par de petites cultures appropriées à leurs ressources et à leur situation.

Il est clair que cette proposition de M. Simon aurait pour l'industrie de grands avantages, en lui permettant, si elle était généralement appliquée, là où cette application est possible, d'avoir toujours à sa portée le personnel nécessaire, sans être exposée à des revendications farouches, lorsque les nécessités économiques lui imposent telle ou telle mesure qui pourrait la priver de ses auxiliaires habituels. En même temps, la vie serait moins coûteuse aux salariés, qui trouveraient d'ailleurs de réels motifs de satisfaction et de dignité dans un genre de vie analogue à celui qu'a étudié M. Simon parmi les ouvriers de la Société métallurgique de l'Ariège.

Cette question de la main-d'œuvre est soumise également à une foule de circonstances dont l'analyse complète est matériellement impossible et qui mériteraient un long et particulier examen ; mais un exemple nous en va tenir lieu, en nous montrant à combien de considérations tout à fait spéciales il faudrait descendre, si l'on voulait apprécier la plupart des phénomènes que nous présente cette question si importante par rapport aux prix de revient.

Quelques lignes extraites d'un rapport de M. Biard d'Aunay, consul de France à Pétersbourg, expliquent ainsi l'abaissement du prix de la main-d'œuvre, qui s'était produit en Russie dans le cours de l'année 1886. « On a remarqué que le prix moyen de la » main-d'œuvre agricole avait continué à baisser en » 1886. Ce résultat est dû à la présence parmi les » journaliers d'un plus grand nombre de paysans, » anciens petits cultivateurs ou fermiers obligés de

» louer leur travail personnel, après avoir abandonné
» les terres qui ne suffisaient pas à leurs besoins,
» ou en avoir été dépossédés pour l'acquittement de
» leurs dettes. On espère que le développement de
» l'institution de la Banque des Paysans (qui ne
» fonctionne que depuis 1885) apportera un remède
» efficace à la situation difficile de la petite culture
» plus éprouvée encore que la grande par la baisse
» de prix des céréales. »

Dans son ouvrage *The History of Prices* M. Michael G. Mulhall compare comme suit les salaires hebdomadaires moyens dans les divers pays ainsi que la proportion respective des sommes à consacrer à la nourriture.

	France	Allemagne	Belgique	Italie
Salaires	Sh. 21	Sh. 16	Sh. 20	Sh. 15
Nourriture	» 12	» 10	» 12	» 9
Surplus	» 9	» 6	» 8	» 6

	Gde Bretagne	Espagne	Etats-Unis	Australie
Salaires	Sh. 31	Sh. 16	Sh. 48	Sh. 40
Nourriture	» 14	» 10	» 16	» 12
Surplus	» 17	» 6	» 32	» 28

D'un autre côté M. de Foville a dressé, sur les données d'une enquête américaine, le tableau suivant :

Salaires hebdomadaires

	Maçons	Charpentiers	Etameurs	Ebénistes
France	F. 25	Fr. 27	Fr. 22	Fr. 30
Belgique	» 30	» 27	» 24	» 24
Allemagne	» 21	» 20	» 18	» 20
Italie	» 20	» 21	» 18	» 25
Espagne	» 24	» 24	» 18	» 21
Angleterre	» 41	» 41	» 36	» 38
New-York	» 75	» 52	» 60	» 55

Enfin, comme dernier exemple de la complexité des faits relatifs à cette grande question des salaires, nous construisons le tableau ci-après, sur les chiffres empruntés par M. de Foville aux statistiques officielles.

En 1883	Ville de Paris	Chefs-lieux de départem[ts] autres que Paris	
Maçons	F. 8.—	Fr. 3.65	la journée
Charpentiers	» 8.50	» 3.96	»
Menuisiers	» 7.50	» 3.51	»
Serruriers	» 6.50	» 3.50	»
Cordiers	» 4.—	» 2.85	»
Chaudronniers	» 7.—	» 3.55	»
Tourneurs sur métaux	» 7.—	» 3.92	»
Sculpteurs ornemanistes	» 7.—	» 5.17	»
Lingères	» 2.—	» 1.60	»
Blanchisseuses	» 4.—	» 1.77	»
Fleuristes	» 3.—	» 1.99	»
Dentellières	» 3.—	» 2.—	»

Aller plus avant nous entraînerait trop loin, car il n'est pas de province, de département ou même de ville, où les industries et même les établissements industriels ne montrent beaucoup de variété dans les salaires, suivant les conditions spéciales dans lesquelles se trouvent le pays, l'industrie, ces établissements et l'ouvrier.

Si l'on considère que nous n'avons fait autre chose que d'apprécier quelque peu l'efficacité du travail humain et l'inégalité des salaires, afin de nous arrêter, à titre d'exemple, sur l'extrême complexité de notre analyse des prix de revient, et que, cependant, nous avons dû, tout en nous bornant rigoureusement à quelques brèves et superficielles données, entrer dans des développements assez étendus, on comprendra que nous avons toute raison de dégager systématiquement et successivement les phénomènes connexes ou coexistants, dont peut être enveloppé le fait que nous avons surtout en vue dans notre recherche des effets de l'augmentation des charges militaires sur les prix de revient.

Les proportions extraordinaires rapidement prises durant ces dernières années, dans tous les pays et dans tous les genres d'activité humaine, par les progrès techniques et économiques, ainsi que l'enchevêtrement des réactions et répercussions des divers phénomènes, doivent en effet n'être jamais perdus de vue dans toute recherche spéciale et, si, numériquement, il n'est pas possible de résoudre rigoureusement ces questions, au moins faut-il logiquement s'arrêter assez sur la considération de la nature et de l'importance des faits essentiels. L'omission de telles observations constituerait simplement la méconnaissance des conditions mêmes du problème posé, et n'aboutirait qu'à une solution peut-être précise en la forme, mais au fond assurément inexacte et confuse.

Comme nous l'avons dit, pour être complète, l'enquête sur la composition des prix de revient devrait porter tout ensemble sur les influences naturelles, sur les découvertes scientifiques, sur les applications techniques, sur les améliorations économiques, sur les transformations industrielles, sur le rôle des chemins de fer, sur les modifications du régime social, sur la concurrence industrielle et commerciale, sur l'action de la spéculation, sur l'arbitraire gouvernemental et législatif, sur les besoins fiscaux, sur l'évolution politique. Force est bien dans ces conditions de nous borner dans nos recherches, et nous ne pouvions mieux définir d'ailleurs les limites de notre analyse qu'en étudiant certains côtés de la question. Il importe moins en effet, comme nous l'avons vu, de dénombrer les faits dans leur totalité que d'en dégager la valeur morale, et d'en signaler de loin les cas intimes et insaisissables. C'est pourquoi cette double étude de l'efficacité du travail humain et de l'inégalité des salaires, illustrant notre discussion générale, suffit à faire apercevoir, dans tous les autres ordres de faits connexes ou coexistants, cette complexité de nature que nous avons plus spécialement étudiée dans ces deux phénomènes.

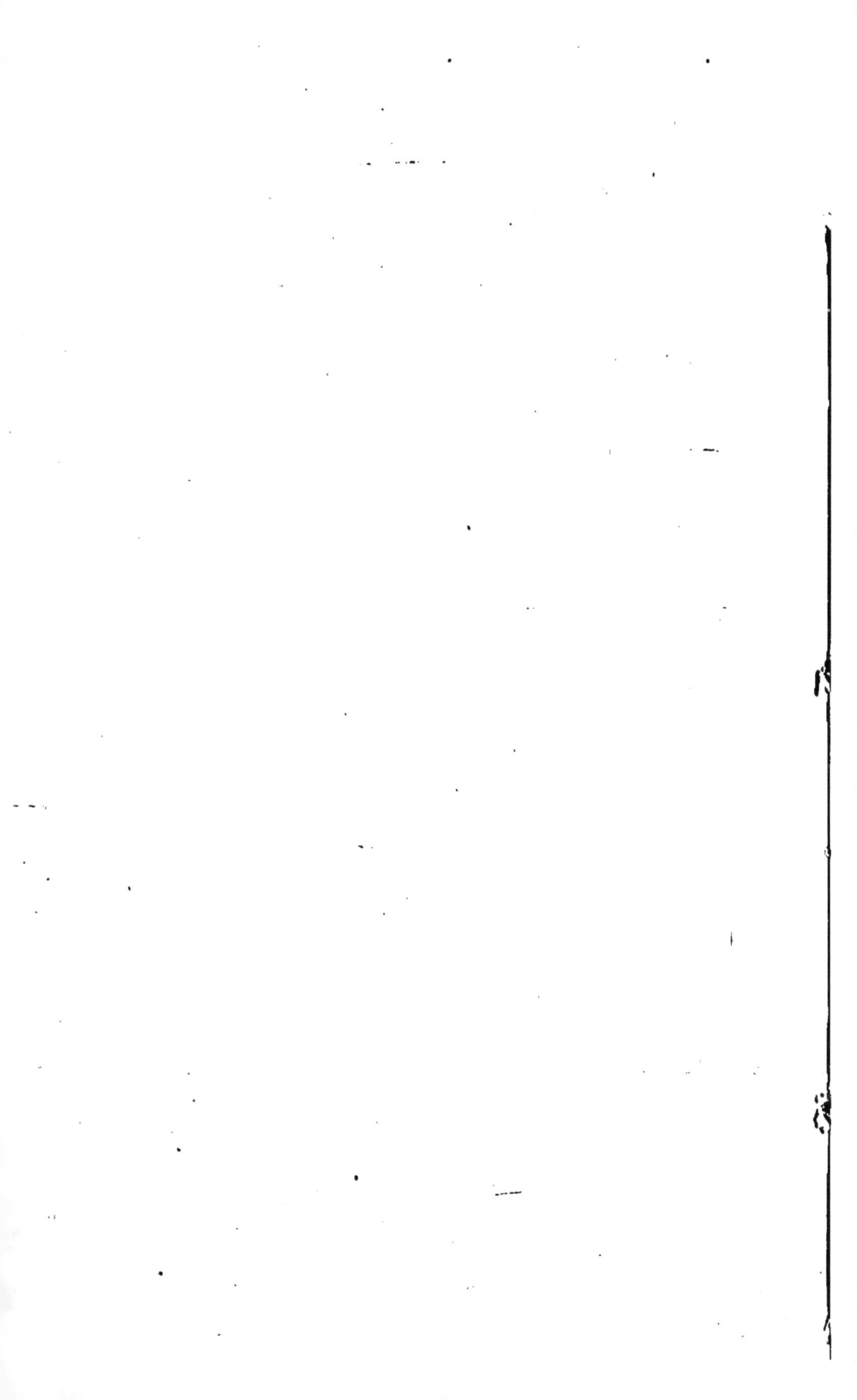

V

L'IMPROPORTIONNALITÉ ET L'INTENSITÉ DE L'IMPOT

Au point où nous sommes arrivé, il est démontré que, même pour les faits les plus simples, les plus constants, les plus généraux et les plus accessibles, quelque isolés que les fasse une analyse très serrée, il nous est interdit de chercher numériquement autre chose qu'un rapport relatif, aussi approché que possible de la vérité; mais, du moins, notre étude en nous mettant en garde contre l'absolu des chiffres, nous a été par cela même du plus grand secours, et nous lui devrons de garder la saine impression de l'intrication des faits qui gouvernent les prix de revient.

Toutefois pour faire encore ressortir et toucher du doigt, pour ainsi dire, l'impossibilité matérielle où nous sommes de dégager numériquement avec exactitude, même à l'égard des faits les plus propres à de telles recherches, l'influence que peut avoir eue l'augmentation des charges militaires sur les prix de revient, il nous suffit de rappeler que cette exactitude proportionnelle, n'existant pas dans la cause de cette augmentation, ne saurait, par conséquent, exister dans les résultats que nous examinons.

Cette remarque, qui contient le double fait tant discuté de la proportionnalité et de l'incidence de l'impôt, est tout à fait capitale, car il est très clair, qu'à moins d'une spécialisation absolue des impôts, d'ailleurs impraticable et peu désirable, cette proportionnalité et cette incidence ne sauraient exister exactement dans les charges publiques et, partant, dans l'augmentation que l'accroissement des dépenses militaires leur a fait subir.

Mais sans vouloir prétendre à une exactitude rigoureuse dans des matières qui ne la comportent pas, nous pouvons aller jusqu'à une appréciation suffisante des conditions générales de la question, et c'est pour cela qu'à l'égard de ce point, nous bornerons notre examen à une sommaire comparaison des conditions faites à trois grands pays civilisés nous présentant chacun, sous un jour très intense, un type différent et bien accusé au point de vue économique.

La France, la Grande-Bretagne et les Etats-Unis sont en effet bien différemment caractérisés dans leur évolution économique, et l'on peut, avec quelques remarques, qui tiennent à des circonstances accidentelles, se livrer sur les faits qui concernent ces pays à de fructueuses comparaisons.

La position continentale et maritime de la France en Europe, la position insulaire et intermédiaire de la Grande-Bretagne, et les circonstances qui constituent le mouvement particulier des Etats-Unis comme pays nouveau, grand producteur agricole et industriel, nous assurent évidemment à la fois une grande sûreté et une grande netteté dans nos comparaisons.

Et même, au point de vue des doctrines économiques, on ne saurait mieux souligner les résultats de leur application, qu'en faisant essentiellement porter notre étude sur ces pays. La France tout ensemble et tour à tour libre-échangiste et protectionniste, la Grande-Bretagne libre-échangiste et les Etats-Unis protectionnistes, nous feront ainsi apprécier les bienfaits et les inconvénients des régimes économiques auxquels ils se sont soumis, et nous permettront d'analyser avec une certitude suffisante les données que nous nous proposons d'examiner.

Il est un fait pour nous hors de toute discussion, c'est qu'avec les immenses progrès accomplis dans tous les genres d'activité humaine, les divers Etats n'auraient maintenant à faire face qu'à leurs dépenses ordinaires si des entreprises ou des préparatifs de guerre n'absorbaient chaque jour une portion de de plus en plus grande des produits des populations.

D'un autre côté, nous croyons que si les budgets des Etats européens pouvaient être ramenés à ce qu'ils étaient avant 1869, ces mêmes progrès dont nous parlons [illegible] raient supporter avec une grande facilité les [illegible] ôts destinés à couvrir les dépenses budgétaires courantes.

Malheureusement, les Etats européens, non-seulement, ne cherchent pas à revenir aux budgets d'avant la guerre franco-allemande, mais même il existe partout en Europe un entraînement funeste à l'aggravation des charges militaires, et l'on ne peut se contenter des dépenses pourtant assez écrasantes que nous supportons. Chaque jour, pour ainsi parler, nous apprenons que l'on a inventé ou perfectionné quelque engin de guerre, et qu'il faut par conséquent compléter ou transformer notre outillage militaire. Tantôt, il s'agit de baïonnettes, de fusils, de canons, etc. ; tantôt de travaux de défense, de constructions, de forteresses, etc. ; tantôt, enfin, de torpilleurs, de cuirassés, etc. Les millions et les millions s'engloutissent ; à peine a-t-on de temps en temps quelque détente morale, et quelque fugitive espérance de voir les relations des peuples prendre un caractère d'entente et de confiance.

Si, en France, nous n'avions à supporter que les charges budgétaires de 1868, en ce qui concerne les dépenses militaires, nous réaliserions *grosso modo* une économie annuelle d'un milliard de francs.

Ceci n'a évidemment rien d'exagéré ; au contraire, car sans cette guerre maudite de 1870-71, qui nous a coûté tant de milliards, nous aurions pu réduire beaucoup et éteindre même notre dette nationale, dont l'intérêt se chiffrait alors par 562,000,000 de francs, au lieu de 1,300 millions de francs, comme en 1887.

En effet, quand on songe aux 11 à 12 milliards que la guerre de 1870-71 nous a coûtés, sans compter le trouble général qui est résulté de tant de destructions matérielles et de la disparition de tant de producteurs ; quand on se dit qu'il nous a fallu payer, à raison d'environ 600 millions depuis dix-huit ans, les intérêts de la nouvelle dette, outre moyennement 350 millions de plus pour la dépense annuelle de la guerre et de la marine depuis ce même temps, on voit bien facilement que le budget de 1868, ou ne pèserait guère sur le pays, ou même serait bien au-dessus de nos besoins réels.

C'est que, de deux choses l'une, ou la dette aurait été éteinte, ou les capitaux laissés aux populations auraient fructifié de manière à couvrir d'une façon très large l'intérêt de la dette nationale, et, dans les deux cas, le résultat aurait été excellent et nous aurait donné l'extinction, au moins virtuelle, de notre dette publique.

Si l'on suit, en tenant compte de l'augmentation de la population, ainsi que des améliorations considérables et de tout ordre apportées dans les services publics, la progression des budgets en comparant les divers chapitres aux époques antérieures et à l'époque actuelle, on reste frappé de ce qu'à l'exception de l'instruction publique, des travaux publics et de l'intérieur, les dépenses budgétaires ont gardé une importance modeste. C'est ce qui ressort du tableau suivant :

Dépenses budgétaires totales de chaque ministère

(En milliers de francs) :

	1866	1873	1877	1882	1885	1887
Justice	32.840	34.261	35.467	36.674	38.015	37.304
Affaires étrangères	13.074	11.818	12.702	16.801	14.929	13.738
Finances — dette	516.875	1.329.927	1.195.547	1.297.947	1.325.208	1.236.372
» Administration	27.511	54.175	20.547	24.292	19.036	16.114
Frais de recouvrement	226.606	247.414	250.808	183.481	184.497	182.201
Transferts aux Communes	111.163	159.902	176.767	186.933	—	—
Guerre	416.131	482.388	551.688	639.679	582.636	555.934
Marine	192.343	155.712	492.504	222.180	231.607	229.701
Instruction publique			69.987	167.944	146.905	145.303
Beaux-Arts	83.094	108.181				
Cultes			53.176	52.156	46.550	
Intérieur	202.970	332.895	289.364	354.812	72.511	
Travaux publics		83.346	82.134	122.022	152.940	121.156
Agriculture	77.777	24.649	20.920	36.345	39.120	39.528
Commerce				19.657	18.175	20.230
Algérie et Colonies	29.187	27.775	27.331			
Postes et Télégraphes				130.155	139.055	138.702
Dépenses ordinaires	2.073.060	3.052.444	2.978.942	3.491.088	3.022.385	3.424.952
Dépenses extraordinaires (Travaux publics)	130.014	61.672	160.011	663.624	194.718	276.409
Totaux	2.203.074	3.114.116	3.138.953	4.154.712	3.217.103	3.701.361

Sans vouloir nous arrêter trop longuement sur ce point, il est bon cependant de le considérer assez, car, trop souvent en voyant les gros chiffres qui totalisent les dépenses budgétaires, on est tenté d'accuser l'administration de gaspillage, tandis que si l'on pénètre un peu dans le détail des dépenses administratives, on constate souvent une économie rigoureuse et un grand souci des intérêts de la population.

Rien ne démontre mieux peut-être le bien fondé de cette observation que le relevé comparatif pour 1868 et 1887 des frais de régie, de perception et d'exploitation des impôts et revenus publics. On peut voir par ce relevé, ci-dessous reproduit, que les quelques augmentations subies dans les divers services sont relativement peu importantes, surtout si l'on songe, par exemple, que de 561,862,145 francs 96 centimes en 1868, le produit des contributions directes s'est élevé en 1887 à 768,423,876 francs ; tandis que les douanes qui, en 1868, ne rendaient que la somme de 99,242,475 francs 73 centimes, ont produit 321,094,300 francs en 1887.

D'après les *Budgets Contemporains* voici quels ont été ces frais de régie, de perception et d'exploitation des impôts et revenus publics.

	1868	1887
Contributions directes		
Service administratif et de perception dans les départements.	—	—
Personnel de l'admon des contributions directes	F. 2,920,603 26	F. 3,758,000 —
Dépenses diverses de l'admon des contributions directes	» 2.180.790 —	» 1.393.000 —
Frais relatifs aux rôles des taxes assimilées		» 105,000 —
Frais d'arpentage et d'expertise	» 217.678 90	» 1,000 —
Mutations cadastrales	» 555,831 27	» 595,000 —
Remises aux percepteurs de frais divers	» 12.111.779 66	» 11,771,242 —
Indemnités et secours aux porteurs de contraintes		» 469.000 —
Frais de perception des amendes et condamnations pécuniaires en France et en Algérie		» 413,300 —
Enregistrement, Domaines et Timbre		
Personnel de l'admon de l'Enregistrement, des domaines et du timbre	» 13.128.916 35	» 15.624.900 —
Matériel de cette administration	» 965.245 22	» 1.058.000 —
Dépenses diverses de cette admon	» 1.502.415 38	» 1.793.800 —
Douanes		
Personnel de l'admon des douanes	» 22,431,171 83	» 28.047,370 —
Matériel de l'admon des douanes	» 358,529 98	» 446.596 —
Dépenses diverses de l'adon des douanes	» 3.800.201 84	» 1.368.795 —
Contributions indirectes		
Personnel de l'admon des contributions indirectes	» 22.848.873 33	» 29.321.200 —
Matériel de l'admon des contributions indirectes	» 536.561 09	» 430,000 —
Frais de loyer et indemnités de l'admon des contributions indirectes	» 5.510.250 51	» 5.794.700 —
Dépenses diverses de cette admon		» 514,400 —
Manufactures de l'Etat	» 75,821,431 55	» 71,990,075 —

Passant au régime fiscal de la Grande-Bretagne, nous pouvons nous dispenser de répéter nos observations sur la dette, les dépenses de guerre et les frais d'administration publique ; la situation des divers pays offre plus d'une analogie, et la lecture du tableau ci-après tient parfaitement lieu de tout ce que nous pourrions dire pour la Grande-Bretagne à cet égard.

Montant brut des dépenses publiques du Royaume-Uni (Statistical abstract).

	Service de la dette	Liste et administrations civiles	Dépenses navales et militaires	Recouvrements des impôts	Dépenses totales
	—	—	—	—	—
	£	£	£	£	£
1874.........	26.706.726	15.928.139	24.358.882	7.610.781	74.604.528
1875.........	27.094.480	13.557.716	24.580.995	7.771.891	73.005.082
1876.........	27.443.750	14.753.020	25.198.372	7.582.447	74.977.589
1877.........	27.992.834	14.928.890	25.490.443	7.917.387	76.329.554
1878.........	28.412.750	15.624.139	28.567.129	7.775.850	80.379.868
1879.........	28.644.183	16.[illegible]09.183	30.252.365	7.850.769	83.446.500
1880.........	28.762.874	16.9[illegible]3.140	28.501.646	7.997.137	82.184.797
1881.........	29.575.264	17.356.499	25.784.602	8.222.025	80.938.990
1882.........	29.665.945	18.013.476	27.403.985	8.522.097	83.605.503
1883.........	29.679.098	18.877.999	29.802.804	8.928.426	87.288.327
1884.........	29.651.526	18.731.582	27.864.107	9.707.349	85.954.564
1885.........	29.548.239	19.041.249	30.577.402	9.870.993	89.037.883
1886.........	23.419.678	19.214.151	39.538.593	10.020.622	92.223.844
1887.........	27.958.023	19.326.479	31.918.539	10.773.711	89.996.752
1888.........	26.213.911	19.691.950	30.758.687	10.749.097	87.423.645

Il n'est pas mauvais d'ouvrir ici une parenthèse pour rappeler, à propos des dettes des Etats européens, que les divers pays sont plus ou moins créanciers les uns des autres, et que, par exemple, la France en retirant annuellement un milliard et demi de ses prêts à l'étranger et de ses entreprises au dehors, la Grande-Bretagne en tirant un revenu annuel de deux à trois milliards des prêts du même genre qu'elle a faits aux autres pays, se trouvent en fait n'avoir, l'une et l'autre, aucune dette à supporter ; mais *cette réflexion perd beaucoup de sa valeur absolue quand on songe à l'inégale distribution des fonds retirés de l'étranger et à l'inégale répartition des charges budgétaires dans le pays.*

A ce sujet, et pour la France, on doit à la Société de statistique et à M. Vacher, notamment, de bien intéressants et de bien instructifs travaux. Il faut savoir gré aux hommes qui s'imposent cet écrasant labeur de recherches arides et fatigantes de servir aussi utilement le pays en préparant des réformes et des péréquations fiscales vainement réclamées jusqu'à présent. Retenons seulement, en passant, quelques chiffres qui nous feront tout particulièrement apprécier le côté choquant de certains impôts.

Revenu net imposable de la propriété immobilière rurale et Impôts qui grèvent spécialement cette Propriété :

Revenu net, propriété non bâtie	F.	2.645.000.000
» propriété bâtie	»	375.000.000
Total	F.	3.020.000.000

Impôt foncier
(principal et centimes additionnels)

Propriété non bâtie	F.	251.000.000	
Propriété bâtie	»	40.000.000	
Enreg^nt et timbre	»	275.000.000	
Prestations	»	39.000.000	
Main-morte	»	5.000.000	
			F. 610.000.000

Proportion en bloc 20 0/0.

Quant à ce qui concerne la Grande-Bretagne, il faut dire que le Royaume-Uni doit à son heureuse situation insulaire et à son évolution particulière de n'avoir pas absorbé, aussi complètement que les autres États de l'Europe, l'économie et l'énergie des populations dans des entreprises militaires. Le fait seul de n'avoir pas le service militaire obligatoire pour tous fait déjà une part assez belle aux populations britanniques au point de vue économique. Quelques chiffres, rapprochés à ce dernier point de vue, peuvent offrir une claire signification.

(*Statistical abstract*) :

	1873	1888
	—	—
Population du Royaume-Uni	32.177.550	37.453.574
Dette nationale	31 mars 1874	31 mars 1888
Dette consolidée	£ 723.514.005	£ 609.740.743
Valeur des « terminable annuities » à 3 0/0 au pair	» 44.941.333	» 78.449.230
Dette non consolidée	» 4.479.600	» 17.385.100
Total de la dette	£ 772.934.938	£ 705.575.073

	1873	1887
	—	—
Écoles primaires		
Nombre d'enfants	2.144.710	4.751.005
Dépenses	£ 1.424.878	£ 4.011.404

Budget ordinaire de la Guerre et de la Marine :

		1874		1888
Budget de la guerre.....	£	13.495.531	£	13.167.196
Budget de la marine..	»	10.063.351	»	12.325.357

Forces moyennes de l'armée régulière dans le pays et au dehors :

	1873	1887
Dans le pays..............	100.583	106.767
Au dehors.....................	87.796	102.807
Total..................	188.379	209.574
Réserves	30.681	52.553
Milices et réserves...	115.982	121.411
Yeomanry	12.621	11.267
Volontaires....................	171.937	228.038

Frais de recouvrement de l'impôt :

		1874	1888
Douane........................	£	1.007.652	935.961
Revenu intérieur.....	»	1.668.362	1.771.785
Postes..............................	»	2.732.341	5.403.438
Télégraphes	»	1.062.956	1.940.012
Transports	»	1.139.470	697.901
	£	74.604.528	87.423.645

Les dépenses budgétaires des Etats-Unis sont relevées, ci-après, en exercices annuels depuis 1874 ; elles offrent un intérêt tout particulier, parce que contrairement à la France et à la Grande-Bretagne, les Etats-Unis ont réduit leurs dépenses pour la guerre et pour la marine, et qu'en outre, d'importants amortissements allègent chaque année le poids de la dette publique.

Budgets des Etats-Unis d'Amérique

(Report of the treasury 1887)

	Guerre	Marine	Indiens	Pensions	Diverses	Dépenses ordinaires nettes	Primes	Intérêts	Amortissem[nt] de la Detto publique	Dépenses totales
	—	—	—	—	—	—	—	—	—	—
	$	$	$	$	$	$	$	$	$	$
1874	42.313.927	30.932.587	6.692.462	29.038.414	85.141.593	194.118 985		107.119.815	422.065.060	724.698.93
1875	41.120.645	21.497.626	8.384.656	29.456.216	71.070.702	171.529.848		103.092.544	407.[illegible]7.492	682.000.88
1876	38.070.888	18.963.309	5.966.558	28.257.395	73.599.661	164.857.813		100.243.271	449.345.272	714.446.35
1877	37.082.735	14.959.935	5.277.007	27.963.752	58.926.532	144 209.963		97.124.511	323.965.424	565.299.89
1878	32.154.147	17.365.301	4.629.280	27.137.019	53.177.703	134.463.452		102.500.874	353.676.944	590.641.27
1879	40.425.660	15.125.126	5.206.109	35.121.482	65.741.555	161.619.934		105.327.949	699.445.809	966.393.69
1880	38.116.916	13.536.984	5.945.457	56.777.174	54.713.529	169.090.062	2.795.320	95.757.575	432.590.280	700.233.23
1881	40.466.460	15.686.671	6.514.161	50.059.279	64.416.324	177.142.897	1.061.248	82.508.741	165.152.335	425.865.22
1882	43.570.494	15.032.046	9.736.747	61.345.193	57.219.750	186.904.232		71.077.206	271.646.299	529.627.73
1883	48.911.382	15.283.437	7.362.590	66.012.573	68.678.022	206.248.006		59.160.131	590.083.820	855.491.96
1884	39.429.603	17.292.601	6.475.999	55.429.228	70.920.433	189.547.865		54 578.378	260.520.690	504.646.934
1885	42.670.578	16.021.079	6.552.494	56.102.267	87.494.258	208.840.678		51.386.256	211.760.353	471.987.288
1886	34.324.152	13.907.887	6.099.158	63.404.864	74.166.929	191.902.992		50.530.145	205.216.709	447.699.847
1887	38.561.025	15.141.126	6.194.522	75.029.101	85.264.825	220.190.602		47.741.577	271.901.321	539.833.501

Depuis 1870 la population des Etats-Unis a augmenté de 37 0/0, tandis que les dépenses budgétaires ont diminué de 23 0/0. Si l'on appliquait à la France la même proportion de dépenses, par comparaison au budget de 1868, qui n'était pourtant pas maigre, nous devrions avoir un budget de 1 milliard 1/2 pour 52 millions d'habitants ; mais comme notre population ne s'est élevée qu'à 38 millions d'âmes, notre budget, en supposant que, depuis 1868 nous ayons adopté une politique financière analogue à celle qu'ont suivie les Etats-Unis, devrait n'être que d'un milliard de francs.

Cependant il y a, dans le relevé des dépenses du gouvernement fédéral des Etats-Unis, la colonne des pensions qui marque une augmentation graduelle et soutenue. Ainsi en 1867, il y avait de ce chef une affectation de $ 20,936,551.71, chiffre qui s'explique par les conséquences de la guerre de sécession ; mais en 1887 cette affectation s'élevait par des abus évidents, dont les Etats-Unis n'ont malheureusement pas le monopole, au chiffre de $ 75,029,101,75.

En conservant, dans un but de protection, des impôts qui ne sont plus nécessaires, les Etats-Unis, se trouvent chaque année en face d'un excédent de recettes qui accroît considérablement les réserves du trésor. La plus grande partie de cet excédent et des réserves est consacrée à l'amortissement de la dette fédérale, et l'on peut voir dans le tableau ci-dessus, à la colonne affectée à la dette publique, dans quelle formidable proportion les Etats-Unis consacrent leurs ressources disponibles à l'extinction de leur dette. Ce fait considérable méritait bien une mention spéciale.

Le budget de 1887, ci-après relevé, montre comment se répartissent les fonds reçus et affectés, et comme, par exemple, sur l'amortissement de $ 271,901,321,15 réellement effectué, le surplus du rendement de l'impôt fournissait déjà $ 103,471,097,69.

Remarquons que, pour 60 millions d'habitants, en n'effectuant pas cet amortissement, les Etats-Unis auraient un budget de $ 267,932,179, soit par tête une vingtaine de francs, tandis qu'en France nos dépenses d'environ 3,800 millions de francs font à peu près 100 francs par habitant.

Recettes et dépenses en 1887.

(Report of the Treasury)

Revenu public :

Douanes	$	217.286.893 13
Revenu intérieur	»	118.823.391 22
Vente de terres	»	9.254.286 42
Sources diverses	»	26.038.706 89
	$	371.403.277 66

Dépenses :

Douanes, phares, bâtiments publics	$	23.795.933 12		
Recouvrement du revenu intérieur	»	4.070.126 59		
Terres, brevets, etc.	»	7.821.225 31		
Pouvoirs législatif et exécutif, administration civile.	»	38.342.337 73		
Relations étrangères	»	7.104.490 47		
Pouvoir judiciaire	»	4.130.712 37	$	85.264.825 59
A reporter			$	85.264.825 59

Report	$	85.264.852 59
Guerre	»	88.561.025 85
Marine	»	15.141.126 80
Intérieur (Indiens et pensions)	»	81.223.624 48
Intérêts de la dette	»	47.741.577 25
Total	$	267.932.179 97
Surplus disponible pour l'amortissement de la dette	»	103.471.097 69
Total général	$	371.403.277 66

En notant que les droits de douane constituent le principal revenu des Etats-Unis, et représentent le double du produit des taxes intérieures, en remarquant aussi que rien n'est plus inégal que la situation fiscale des divers Etats et des villes de l'Union, on se rendra facilement raison de ce qu'aux Etats-Unis, comme partout, il existe une improportionalité considérable dans la distribution des charges publiques, fait qui, à lui seul, justifierait notre jugement sur l'impossibilité matérielle de déterminer exactement les frais qui grèvent chaque genre de production dans un pays.

Ainsi, nous avons considéré comme une situation heureuse, celle dans laquelle se trouvent les Etats-Unis; mais, si l'on songe à la répartition effective des impôts dans ce pays, et aux conséquences de son régime ultra-protectionniste, force est bien de reconnaître que cette situation a des côtés navrants et peu enviables.

En effet, si le régime américain n'affectait pas ce caractère barbare et rétrograde d'une prohibition quasi-absolue de beaucoup d'articles, les producteurs européens, surtout agricoles, auraient fort à faire, grâce à leurs charges militaires, pour concurrencer avec leurs confrères des Etats-Unis, qui déjà ont inspiré, par l'abondance de leurs récoltes, des terreurs en quelques cas assez complaisantes dans certains milieux agricoles, mais qui pourraient alors littéralement inonder les places d'Europe de produits vendables à un bon marché inouï !

En frappant de droits énormes les fers et aciers, les minerais divers, la fonte, la ferraille, les railway bars, etc., les machines, les produits manufacturés de coton, de laine, de soie, de lin, de chanvre, de jute, les vêtements, les cuirs, les sucres, les verres et verreries, les liqueurs, les bières, les vins, les spiritueux, etc., etc., les Etats-Unis font supporter à la culture la plus grande partie des impôts, d'abord par le renchérissement invraisemblable des produits imposés et qui lui sont indispensables, comme les machines, les vêtements, les harnais, les produits de verreries, les liqueurs, etc., et ensuite par l'impossibilité où se trouve la population ouvrière des villes de payer aux produits agricoles plus qu'il ne lui reste après s'être fournie de ces articles si fort enchéris par l'impôt.

Le tableau ci-dessous, composé d'après M. Félix Faure, pour ce qui est de la comparaison des valeurs totales de l'importation, et d'après le *Report of the Treasury* pour ce qui est des autres rubriques, fait ressortir parfaitement tout ce qu'il y a d'exorbitant dans les impôts américains, où des taxes de 40, 50 et 60 0/0 de la valeur des marchandises, équivalent évidemment à une véritable prohibition.

	1883	1886	1887
Valeur totale de l'importation	$ 723.181.000	$ 625.308.814	$ 683.418.981
Valeur des marchandises soumises aux droits	» 493.916.384	» 418.778.055	» 450.325.322
Droits recueillis	» 209.650.699	» 188.533.171	» 212.032.421
Taux des taxes appliquées :			
Droits spécifiques	56 0/0	60.5 0/0	61.3 0/0
Droits ad valorem	44 0/0	39.5 0/0	38.7 0/0

Or il est bon de remarquer encore que la population des villes s'accroit constamment par rapport à la population agricole, et qu'elle doit maintenant atteindre le tiers de la population totale des Etats-Unis. Le tableau ci-après, extrait du *Tenth Census* et allant par décades de 1790 à 1880, montre bien l'accroissement régulier et continu de la proportion offerte par la population des villes comparée à la population totale de l'Union.

	Population totale	Nombre de villes de 8,000 âmes et plus	Population des villes	Pourcentage de la population des villes sur la population totale
1790	3.929.214	6	131.472	3.3 %
1800	5.308.483	6	210.873	3.9 %
1810	7.239.881	11	356.920	4.9 %
1820	9.633.822	13	475.135	4.9 %
1830	12.866.020	26	864 509	6.7 %
1840	17.069.453	44	1.453.994	8.5 %
1850	23.191.876	85	2.897.586	12.5 %
1860	31.443.321	141	5.072.256	16.1 %
1870	38.558.371	226	8.071.875	20.9 %
1880	50.155.783	286	11.318.547	22.5 %

Il est donc évident qu'avec les difficultés particulières et presque insurmontables, qui sont le lot de beaucoup d'établissements dans les pays nouveaux, cette excessive imposition, frappant la culture américaine, doit avoir des conséquences funestes, et c'est ce que nous fait voir encore le *Report of agriculture* (1886) par le tableau que nous transcrivons pour rappeler le mouvement d'expropriation résultant des dettes croissantes des *farmers*.

	Nombre de fermes		Terres cultivées (acres)		Etendue moyenne		Terres incultes	
	1880	1860	1880	1860	1880	1860	1880	1860
New-York	241.058	196.990	23.780.754	20.974.958	99 acres	106 acres	25.5 0/0	31.5 0/0
Pensylvanie	213.542	156.357	19.791.341	17.012.140	93 »	109 »	32.2 »	38.5 »
Ohio	247.189	179.889	24.529.226	20.472.141	99 »	114 »	26.3 »	38.3 »
Michigan	154.008	62.422	13.807.240	7.030.834	90 »	113 »	39.9 »	50.5 »
Kentucky	166.453	90.814	21.495.240	19.163.261	129 »	211 »	50.1 »	60.1 »
Indiana	194.013	131.826	20.420.983	16.388.292	105 »	124 »	31.8 »	49.7 »
Illinois	255.741	143.310	31.673.645	20.911.989	124 »	146 »	17.5 »	32.6 »
Missouri	215.575	92.792	27.879.276	19.984.810	129 »	215 »	39.9 »	68.7 »
Kansas	138.561	10.400	21.417.468	1.778.400	155 »	171 »	49.9 »	77.2 »
Nebraska	63.387	2.789	9.944.826	631.214	157 »	226 »	44.6 »	81.2 »
Caroline du Nord	157.609	75.203	22.363.558	23.762.969	142 »	316 »	71.[illegible] »	72.6 »
Caroline du Sud	93.864	33.171	13.457.613	16.195.919	143 »	488 »	69.3 »	71.8 »
Floride	23.438	6.568	3.297.324	2.920.228	141 »	444 »	71.3 »	77.6 »
Alabama	135.864	55.128	18.855.334	19.104.545	139 »	346 »	66.2 »	66.8 »
Mississipi	101.772	42.840	15.855.462	15.839.684	156 »	370 »	67.1 »	68.0 »
Louisiane	48.292	17.328	8.273.506	9.298.576	171 »	536 »	66.9 »	70.9 »
Texas	174.184	42.891	36.292.219	25.344.028	208 »	591 »	65.1 »	89.5 »
Arkansas	94.433	39.004	12.061.547	9.573.706	128 »	245 »	70.2 »	79.3 »

L'expropriation est bien sensible surtout dans la Caroline du Nord, la Caroline du Sud, la Floride, l'Alabama, le Mississipi, la Louisiane, le Texas et l'Arkansas. C'est particulièrement dans le Sud que de telles souffrancces se manifestent, grâce aux charges locales qui sont considérables, aux suites de la guerre de sécession et aux effets d'une funeste politique intérieure qui comme l'a si bien montré M. Claudio Jannet dans son bel ouvrage *Les Etats-Unis contemporains*, s'étend chaque jour comme un mal rongeur et dévorant sur ce pays béni, où les richesses naturelles sont si abondantes, et où il semble que le genre humain est appelé à renouveler ses destinées.

VI

L'INSTABILITÉ ÉCONOMIQUE ET L'INSÉCURITÉ SOCIALE

Avant de clore cette revue préliminaire des résultats économiques généraux obtenus dans les divers pays, et qu'il convenait de considérer pour bien marquer tout ce qu'a de relatif le problème des prix de revient, il nous faut dire un mot de quelques faits importants, dont la place est nécessairement marquée dans cette étude. L'abaissement des trafics, la situation précaire des producteurs, l'abandon des campagnes et le parasitisme du petit commerce sont des phénomènes dont l'action sur les prix de revient se fait fortement sentir et mérite de retenir l'attention.

En ce qui concerne l'abaissement des trafics extérieurs, nous allons borner nos observations à quelques pays et, pour plus de commodité, nous dressons, d'après M. Félix Faure, un tableau des exportations et des importations totales, et par tête d'habitant, du Royaume-Uni, des Etats-Unis, de la France, de l'Italie, de l'Allemagne et de la Russie.

GRANDE-BRETAGNE (en livres sterling)

	1872	1885
Importations totales	354.694.000	370.968.000
Exportations totales	314.588.000	271.404.000
Trafic total	669.282.000	642.372.000
Importations par tête	11.14	10.11
Exportations par tête	9.87	7.39
Trafic total	21.01	17.50

ÉTATS-UNIS (en dollars)

Importations totales	626.595.000	635.436.000
Exportations totales	476.421.000	665.965.000
Trafic total	1.103.016.000	1.301.400.000
Importations par tête	16.09	11.19
Exportations par tête	12.23	11.49
Trafic total	28.32	22.68

FRANCE (en francs)

Importations totales	4.501.600.000	4.930.000.000
Exportations totales	4.756.600.000	3.955.800.000
Trafic total	9.258.200.000	8.885.800.000
Importations par tête	98.88	105.93
Exportations par tête	104.19	80.80
Trafic total	203.07	186.73

ITALIE (en francs)

Importations totales......	1.886.602.000	1.575.237.000
Exportations totales......	1.167.201.000	1.134.321.000
Trafic total..................	3.053 803.000	2.709.558.000
Importations par tête	70.39	53.03
Exportations par tête	43.55	37.85
Trafic total..................	113.94	90.88

ALLEMAGNE (en marks)

	1880	1885
Importations totales......	2.820.700.000	2.944.400.000
Exportations totales......	2.895.400.000	2.860.300.000
Trafic total..................	5.716.100.000	5.804.700.000
Importations par tête	62.35	62.85
Exportations par tête	64.009	61.060
Trafic total..................	126.359	123.910

RUSSIE (en roubles)

	1872	1885
Importations totales......	407.657.000	381.403.000
Exportations totales......	311.553.000	497.946.000
Trafic total..................	719.210.000	879.349.000
Importations par tête	5.66	4.41
Exportations par tête	4.32	5.76
Trafic total..................	9.98	10.17

D'après ce que nous avons pu voir de la situation faite à ces divers pays, il y aurait lieu de croire d'abord que l'abaissement général des valeurs d'échange provient pour beaucoup des grands progrès accomplis dans les transports et dans la production; ensuite, que la supériorité des importations par rapport aux exportations, dans le Royaume-Uni et en France, marquerait le tribut prélevé par ces deux riches états sur les pays, qui sont, ou leurs clients, en ce qui concerne les transports maritimes, ou leurs débiteurs; puis encore que l'infériorité relative du trafic américain tient à la funeste politique ultra-protectionniste dont nous avons déjà dit un mot; et enfin que l'excédent des exportations sur les importations russes serait le signe visible de la dépendance des pays attardés envers les Etats plus riches, leurs créanciers.

Il est toutefois extrêment délicat de porter de tels jugements, parce que le même signe peut être le symptôme de causes différentes, et même contraires ainsi, suivant les habitudes larges ou parcimonieuses de sa population, suivant aussi sa situation, privilégiée ou non, par rapport aux autres pays, un Etat peut importer ou exporter pour des raisons multiples, car, on peut exporter pour importer afin d'élargir les consommations, et l'on peut exporter pour acquitter ses dettes ou pour capitaliser le surplus de ses besoins.

Mais il faut tenir compte de ce que les valeurs d'importation et d'exportation dans tous les pays ne donnent qu'une idée imparfaite du mouvement réel des échanges, parce que l'on ne peut apprécier sur ces valeurs ni les avantages de la position géographique, par exemple, ni la part des frets, des changes, des frais, des commissions, des primes d'assurance, des déchets de poids, du coulage des liquides, des dépréciations, des retards, des intérêts, etc.; toutes choses dont l'importance est considérable, qui modifient beaucoup le niveau des valeurs échangées, et qui dépendent grandement de la situation et de l'organisation des divers pays.

En ce qui concerne les avantages de la position géographique, il est évident que les pays qui sont voisins sont naturellement appelés à avoir des échanges plus considérables que ceux qui sont distants, et que si la Méditerranée baignait au sud des Etats civilisés aussi importants que ceux qu'elle limite au nord, le trafic de ses riverains d'Europe en serait accru dans d'énormes proportions. Il est également à croire que si les Etats-Unis se trouvaient seulement à 100 ou à 200 milles marins au large de nos côtes, la condition faite à la Grande-Bretagne et à nous-mêmes serait bien différente de ce qu'elle est actuellement.

Cette question du voisinage s'est élargie et accentuée énormément par les applications de la vapeur et de l'électricité faites depuis une trentaine d'années, de sorte qu'il n'y a aucune exagération à dire qu'aujourd'hui un Parisien, un Londonnien, et un Berlinois sont, au point de vue économique, beaucoup plus compatriotes que ne l'étaient auparavant un Picard, un Gascon et un Bourguignon. L'intrication des intérêts s'affirme chaque jour davantage, surtout entre pays voisins, et c'est, sans doute, pour beaucoup en ce sens qu'il faut entendre le fameux mot de M. Ferdinand de Lesseps sur l'amitié naturelle de la France et de l'Allemagne.

La preuve de cette dépendance et de cette communauté d'intérêts nous est fournie par la comparaison du trafic extérieur des pays d'Europe avec la part qu'y prennent pour chacun d'eux les pays immédiatement voisins.

C'est ce que nous relevons, dans le tableau ci-après, au moyen des chiffres de M. Félix Faure (Budgets contemporains, documents statistiques) pour 1885.

	Provenances et destinations		Importations		Exportations		Totaux
	—		—		—		—
Gde-Bretagne	France	£	35.710,000	£	23.020.000	£	58.730,000
	Italie	»	3.009.000	»	7.468.000	»	10.477.000
	Allemagne	»	23.069.000	»	27,060.000	»	50.129.000
	Russie	»	17.713.000	»	6.241.000	»	23.954.000
	Tous pays	»	370.968.000	»	271.404.000	»	642.372.00
France	Grande-Bretagne.	F.	634.300.000	F.	963.600.000	F.	1.897.900.000
	Italie	»	337.000.000	»	259.700,000	»	596.700.000
	Allemagne	»	467.700.000	»	340.900,000	»	808.600.000
	Russie	»	181.700.000	»	15.300.000	»	197.000.000
	Tous pays	»	4.930.000.000	»	3.955.800,000	»	8.885.800.000
Italie	Grande-Bretagne.	F.	314.084.000	F.	89.670,000	F.	403.754.000
	France	»	373.353.000	»	426.938.000	»	800.291.000
	Allemagne	»	120.420.000	»	109.251.000	»	229.621.000
	Russie	»	91.510.000	»	18.143.000	»	109.653.000
	Tous pays	»	1.575.237.000	»	1.134 321.000	»	2.709.558.000

	Provenances et destinations	Importations	Exportations	Totaux
Allemagne	Grande-Bretagne.	M. 452.418.000	M. 452.797.000	M. 905.215.000
	France	» 217.811.000	» 248.499.000	» 466.310.000
	Italie	» 75.629.000	» 85.062.000	» 160.691.000
	Russie	» 844.060.000	» 144.090.000	» 9[illegible]8.150.000
	Tous pays	» 2.944.400.000	» 2.[illegible]60.300.000	» 5.804.700.000
Russie	Grande-Bretagne.	R. 94.593.000	R. 153.992.000	R. 248.585.000
	France	» 13.861.000	» 33.834.000	» 47.695.000
	Italie	» 6.472.000	» 25.512.000	» 31.984.000
	Allemagne	» 143.915.000	» 142.258.000	» 286.173.000
	Tous pays	» 381.403.000	» 497.946.000	» 879.349.000

Il y aurait beaucoup à dire sur ces données pour en faire une appréciation complète. Les entrées et les sorties de la Grande-Bretagne, par exemple, sont pour une grande partie des entrées et des sorties de transit, qui, par parenthèse, lui procurent d'énormes bénéfices. Ses importations représentent aussi, pour une bonne part, les intérêts qu'elle recueille de ses capitaux placés au dehors et pour une autre part, importante également, les gains qu'elle obtient de ses transports maritimes. On comprend toute la valeur de cette dernière observation, quand on songe au rôle, tout à fait prépondérant, de la marine marchande britannique dans les transports maritimes. Le relevé ci-après, extrait des *Budgets contemporains* (documents statistiques), illustre parfaitement cette réflexion :

Effectif de la Marine marchande au 1er Juillet 1885
Voile et Vapeur.

Navires	Tonnage total		Proportion	Pavillon
19,251	8.873.749	tonnes	45,3	Anglais
6.639	2,496.148	»	12 7	Américain
4.352	1.547.533	»	7.8	Norwégien
2,933	1,273.675	»	6.5	Allemand
3,016	976.869	»	4.9	Italien
2,678	897.207	»	4.5	Français
2,369	578.281	»	2,9	Russe
1,695	509.583	»	2.5	Espagnol
2.272	498.749	»	2.5	Suédois
1,126	421.936	»	2.1	Hollandais
1,357	288.333	»	1.4	Grec
612	302.488	»	1.5	Autrichien
1.327	270.990	»	1.3	Danois
513	203.296	»	1.0	Américain (sud)
235	103.743	»	0.5	Asiatique
392	96.673	»	0.4	Portugais
429	73.875	»	0.3	Turc
86	80.497	»	0.4	Belge
162	48.646	»	0.2	Américain (centre)
31	22.613	»	0.1	Egyptien
34	12.594	»	0.1	Hawaïen
37	12.593	»		Divers

Les Etats-Unis pour les motifs que nous avons déjà appréciés n'ont qu'un trafic extérieur relativement très réduit, eu égard à leurs forces culturales et industrielles ; mais il n'en serait être autrement avec les obstacles que rencontre l'expansion américaine du fait même des Américains. Ainsi par leurs droits exorbitants, les Etats-Unis ont sacrifié de gaîté de cœur, non-seulement leur culture, mais encore d'autres industries importantes. Parmi ces dernières, une des plus intéressantes à observer, nous semble-t-il, est l'industrie des transports maritimes, qui montre une déchéance vraiment lamentable.

C'est ce que l'on peut voir par la comparaison du trafic de la marine marchande des Etats-Unis depuis 1856, d'après les données du *Report of the treasury* (1887).

Part prise par la marine américaine dans les transports des marchandises de provenance ou de destination américaine :

Années		Totaux des valeurs transportées	Pourcentage des transports par navires américains
1856	$	641.604.850	75.2
1860	»	762.288.550	66.5
1870	»	991.896.889	35.6
1875	»	1.219.434.544	25.8
1880	»	1.503.593.404	17.8
1887	»	1.408.502.979	13.8

Franchement, il serait difficile de ne pas s'associer au jugement que M. Michael G. Mulhall a porté à ce propos, dans son *Dictionary of statistics,* lorsqu'il dit. « L'absurdité du protectionnisme est rendue » bien évidente aux Etats-Unis par l'exemple suivant: » en 1882, les minerais de fer natif, de qualité inférieure, valaient 42/— par tonne à Pittsburg, tandis » que, dans le port de New-York, on pouvait livrer » à 12/— la tonne les meilleurs minerais de Bilbao. »

Dans de telles conditions, la construction des navires exigerait un emploi de capital qu'aucun taux de fret ne pourrait rémunérer, et la déchéance de la marine américaine était absolument fatale.

Si du trafic extérieur nous passons à la situation faite aux industries à l'intérieur des pays, nous aurons à faire quelques remarques non moins importes. Ainsi nous pouvons d'abord distinguer entre les industries qui fournissent la matière première et celles qui la transforment. Les secondes ont mille moyens d'atténuer leurs frais de revient par des inventions nouvelles, des procédés perfectionnés, et par des combinaisons habiles, tandis que les premières n'ont qu'un champ limité sous le rapport de la variété des moyens d'obtention et d'écoulement. C'est à ces dernières que nous voulons consacrer quelques pages.

Nous croyons pouvoir avancer, à l'aide de ce que nous avons déjà exposé à ce sujet, que, dans la généralité des cas, c'est sur la matière première, surtout agricole, que tombe le poids le plus lourd des charges publiques, et que cette matière première supporte la plus grande partie de ce que l'on appelle l'incidence de l'impôt.

D'un autre côté, cette production se trouve limitée dans la plupart des pays, faute de capitaux pour développer et perfectionner son outillage, et acquérir cette intensité de rendement qu'ont atteinte les autres industries.

Il n'est personne qui ne connaisse la différence de rendement que donnent la culture anglaise, la culture belge, la culture française avec la culture russe, et la culture austro-hongroise, et cependant il s'en faut de beaucoup qu'en France, par exemple, on ait atteint des résultats complètement satisfaisants. La raison en est évidemment dans la trop lente évolution de nos procédés de culture et dans l'emploi beaucoup trop restreint des machines, de sorte que l'efficacité du travail de l'homme en souffre considérablement. C'est, du reste, ce qui explique l'infériorité des salaires de la culture, par comparaison aux salaires de l'industrie, ainsi que l'abaissement de la valeur vénale des terres.

En empruntant quelques chiffres à M. de Foville, nous pouvons, plus aisément, faire ressortir la portée de notre pensée.

Il est prouvé que les terres en culture ne donnent qu'un revenu net affaibli, et la comparaison de la valeur de la propriété non bâtie, à des époques différentes, le fait assez voir.

Valeur moyenne de l'hectare

en 1874	F.	2 000
en 1879	»	1.[illegible]80
en 1886	»	1.[illegible]0

Et cependant l'énorme accroissement des capitaux, l'extension des chemins de fer, le développement de la propriété bâtie, la spéculation terrienne, les améliorations du sol, etc, justifieraient une plus-value considérable, par suite de la vigueur donnée à ces transformations. Si nous considérons la situation de la France comme étant très bonne dans l'ensemble et relativement aux autres pays, nous ne pouvons pas cependant ne pas déplorer le pénible état dans lequel se trouve une trop grande partie, et non la moins intéressante, de notre population.

Il y a surtout à regretter que le capital ne puisse venir qu'usurairement pour ainsi dire, aux mains de nos producteurs agricoles et, *en fait*, l'augmentation du prix des choses a rendu *usuraires* des annuités hypothécaires de 5 0/0 !

Pour bien se rendre compte de la réelle misère de certaines de nos productions, il n'y a qu'à en comparer, sur quelques années, la valeur totale. Il y a lieu toutefois de faire cette réserve que l'abaissement des valeurs dans certains cas provient, pour une bonne partie de l'économie de temps et de travail réalisée dans la production ; mais il convient aussi de se souvenir de l'énorme accroissement des charges fiscales, de l'élévation des salaires — trop souvent conséquence de l'enchérissement de la vie bien plus que d'une production plus intense — du renouvellement de l'outillage, des charges hypothécaires, des risques croissants des affaires sous l'influence de la spéculation, et aussi de l'augmentation de notre population.

Voyons, *grosso modo*, par exemple, quelle est la situation faite à notre production agricole, d'après les chiffres du Recueil officiel, publié par le Ministère du Commerce et de l'Industrie, comme extrait des Annales du commerce extérieur sur la situation économique et commerciale, et offrant l'exposé comparatif des diverses données pour la période de 1872-1886.

Le froment de 1872 à 1876 inclusivement nous a donné moyennement 106 millions d'hectolitres par an, soit 1,543 litres par hectare, tandis que de 1882 à 1886 inclusivement, le rendement moyen annuel s'est élevé à 139 millions d'hectolitres, soit à 1,831 litres par hectare, les ensemencements ayant été respectivement de 6,888,899 hectares de 1872 à 1876, et de 6,935,353 hectares de 1882 à 1886.

Les prix moyens respectifs ayant été pour ces deux périodes de fr. $22,75^{6}$ et de fr. $18,31^{2}$, notre agriculture a donc pu retirer de son labeur une somme moyenne annuelle par hectare de fr. 353,15 pour la période de 1872 à 1876 et de fr. 335,29 seulement pour la période de 1882 à 1886.

Cette comparaison, portant sur une période première où l'agriculture supportait déjà des charges écrasantes, est trop éloquente pour que le moindre commentaire soit nécessaire.

Les mêmes résultats seraient donnés par des comparaisons analogues sur les divers produits agricoles, et, de plus, il nous faut constater que notre agriculture maintient à peine sa production. Ainsi le méteil a pu donner 8.972.000 hectolitres en 1872 et n'a donné que 5.169.000 hectolitres en 1886 ; le seigle a pu donner 29.868.000 hectolitres en 1872 et n'a donné que 22.610.000 hectolitres en 1886 ; l'orge a pu donner 20.866.000 hectolitres en 1872 et n'a pu donner que 17.893.000 hectolitres en 1886 ; l'avoine a pu donner 81.127.000 hectolitres en 1872, mais elle a donné 89.288.000 hectolitres en 1886 ; le maïs qui donnait 11.301.000 hectolitres en 1872 n'a pu donner que 8.909.000 hectolitres en 1886 ; et le sarrazin qui fournissait 10.629.000 hectolitres en 1872 a rendu 10.052.000 hectolitres en 1886.

Au point de vue de la production animale, nous aurions à faire d'aussi peu satisfaisantes comparaisons, l'effectif des espèces animales en France ayant été comme suit, d'après la Statistique agricole décennale de 1882 et la Statisque annuelle de 1886 :

		1882	1886
Espèces	Chevaline....	2.914.412	2.938.849
	Mulassière...	330.987	242.763
	Asine........	396.237	382.110
	Bovine	12.811.589	13.275.021
	Porcine......	6.037.543	5.774.924
	Ovine	29.529.678	22.688.230
	Caprine	1.726.398	1.420.112

Si, maintenant, nous prenons le taux d'évaluation adopté par la Commission des valeurs de douane, nous aurons à transcrire les valeurs moyennes suivantes, suffisamment édifiantes par leur rapprochement avec les existences ci-dessus :

En 1872, un cheval hongre valait fr. 850 ; sa valeur était de fr. 900 en 1886. En 1872, une jument valait fr. 750 ; sa valeur en 1886 était de fr. 800. En 1872, les mules et mulets étaient cotés fr. 650, en en 1886, leur valeur était de fr. 700. En 1872, les bœufs se cotaient fr. 530, en 1886, leur valeur était tombée à fr. 430. En 1872, les vaches se cotaient fr. 340, en 1886, leur valeur était de fr. 292. En 1872, les béliers, brebis et moutons se cotaient fr. 50, en 1886, leur valeur était de fr. 41. En 1872, les porcs se cotaient fr. 122, en 1886, leur valeur était de fr. 112.

En ce qui concerne le vin, la production moyenne annuelle de 1872/76 a été de 54.940.000 hectolitres, mais cette production est descendue à 31.059.000 hectolitres pour la période 1882/86.

Le cidre a fourni moyennement 11.367.000 hectolitres en 1872/76 ; cette production s'est élevée à 12.715.000 hectolitres en 1882/86.

En 1872/76 la récolte moyenne annuelle d'alcool pur était de 1.640.000 hectolitres ; cette production s'est élevée à 1.925.000 hectolitres en 1882/86.

Or, le vin a donné, sur la base de 2.420.000 hectares cultivés pour 1872/76, un rendement de 22 hectolitres 70 à l'hectare, et sur la base de 2.044.000 hectares cultivés pour 1882/86, un rendement de 15 hectolitres 19 à l'hectare. Le prix de l'hectolitre, chez le récoltant, de fr. 21 en 1875 a pu s'élever jusqu'à fr. 40 et 41 pendant ces dernières années, d'après M. A. de Foville (voir *La France économique*) ; mais cette hausse n'est pas pour compenser les pertes et les sacrifices que le malheureux producteur a supportés.

D'après le même auteur, le cidre a vu sa valeur portée de fr. 13 à 16 l'hectolitre chez le récoltant, tandis que l'alcool est descendu de fr. 60 à 47.

Voyons maintenant si la production industrielle a été plus heureuse.

La fabrication du sucre a rendu 375,597,000 kilog. en 1872 et 392,908,000 kilog. en 1886, alors qu'en 1872 la valeur du sucre brut au-dessous du nº 13 était de fr. 0,64 par kilog. contre fr. 0,32 en 1886.

En 1872, les combustibles minéraux extraits des mines françaises, ont atteint 15,802,515 tonnes, dont la valeur était de fr. 212,758,473, soit fr. 13,46 par tonne.

En 1886, cette production atteignait 19,909,894 tonnes, valant fr. 222,749,205, soit fr. 11,19 par tonne. La tourbe, en 1872, fournissait 324,323 tonnes, valant fr. 3,563,222, soit fr. 10,99. En 1886, cette production donnait seulement 175,311 tonnes, valant fr. 1,890,822, soit fr. 10,78.

En 1872, 2,781,790 tonnes de fer extraites de nos mines, avaient produit fr. 14,669,733.

En 1886, 2,285,648 tonnes n'ont produit que fr. 8,219,030.

La production du cuivre en France est si peu

importante qu'il vaut à peine en signaler les circonstances, puisqu'en 1886 elle était tombée à 167 tonnes. Il en est de même de l'antimoine, qui en 1886, a atteint 247 tonnes.

Le plomb et l'argent en 1872 ont donné 10.174 tonnes pour fr. 2.901.579, tandis qu'en 1886, ils ont produit 14.672 tonnes pour fr. 3.058.483.

Le manganèse en 1872 a donné 10.051 tonnes pour fr. 737.588, et en 1886 il a donné 7.676 tonnes pour fr. 265.499.

Le zinc en 1872 a donné 1.451 tonnes pour fr. 99.813, en 1886 cette production a atteint 11.103 tonnes valant fr. 680.393. Les pyrites de fer ont donné, en 1872, 135.353 tonnes valant fr. 2.353.041 ; en 1886, cette production a atteint 184.884 tonnes d'une valeur totale de fr. 2.695.701. La production des usines métallurgiques pour la fonte, le fer, l'acier, le cuivre, le plomb, le zinc, etc., nous fournissent des observations semblables, c'est-à-dire une diminution générale et très forte des valeurs absolues de la production annuelle comme le montre le tableau comparatif ci-dessous :

PRODUCTION EN TONNES MÉTRIQUES

Fonte

1872........	1.217.838	tonnes	Valeur	F.	147.567.643
1886........	1.516.574	»	»	»	83.716.272

Fer

1872........	884.021	tonnes	Valeur	F.	311.955.311
1886........	766.556	»	»	»	118.114.520

Acier

Fondu au foyer Bessemer ou au réverbère Siemens-Martin.

1872........	112.286 tonnes	Valeur F.		39.858.821
1886........	421.571 »	»	»	95.238.253

Puddlé, de forge, cémenté, fondu au creuset, etc.

1872........	29.419 tonnes	Valeur F.		17.452.805
1886........	26.018 »	»	»	9.533.455

Cuivre

1872........	20.694 tonnes	Valeur F.		52.620.170
1886........	3.519 »	»	»	3.524.160

Plomb

1872........	21.485 tonnes	Valeur F.		10.747.299
1886........	3.977 »	»	»	1.201.817

Zinc

1872........	8.245 tonnes	Valeur F.		5.628.228
1886........	16.132 »	»	»	5.881.185

Argent fin

1872........	34.454 tonnes	Valeur F.		7.577.159
1886........	46.789 »	»	»	7.486.240

Nous croyons bon de comparer encore quelques chiffres du *Statistical abstract* relativement à la production des charbons et des métaux dans le Royaume-Uni. Il est intéressant de comparer ainsi les résultats donnés à des époques différentes par les mines anglaises. En voyant se réduire la valeur totale obtenue des produits miniers, on n'oubliera pas que c'est surtout dans la transformation de la matière première, dans ses transports et dans ses opérations financières, que la Grande-Bretagne réalise ses meilleurs et ses plus sûrs profits.

Quantités et valeurs des métaux et des charbons extraits des mines de la Grande-Bretagne :

	1873		1857	
	Tonnes	£	Tonnes	£
Fer	6.566.451	18.057.739	7.559.518	17.764.866
Cuivre	5.240	502.828	889	42.850
Plomb	54.235	1.263.875	87.890	486.886
Etain	9.972	1.329.766	9.282	1.048.633
Zinc	4.471	120.099	13.042	209.596
Argent	537.707	131.077	320.345	59.564
Autres métaux		5.000		
Charbons	127.016.747	47.631.280	162.119.812	39.092.830

Nous n'avons plus à démontrer que la situation faite à certaines productions est véritablement malheureuse, et il nous semble que l'on peut admettre comme acquis qu'en fin de compte, c'est généralement la matière première, surtout agricole, qui souffre le plus des difficultés où nous plongent les armements militaires excessifs.

Nous devons d'autant plus le regretter que notre population agricole doit rester la grande pourvoyeuse de générations saines et fortes, nécessaires à la conservation, au progrès et à la grandeur de notre civilisation.

Nous ne saurions mieux dire, du reste, à ce sujet, que le *Report on the Cereals*, du *Tenth Census*, et nous pouvons appliquer à notre pays, les réflexions qu'il présente comme suit sur la population américaine :

« L'élément de progrès dans un pays comme le » nôtre, et même dans n'importe quel autre pays, » réside dans cette partie de la population qui n'est » ni très pauvre ni très riche. C'est là le stratum » d'où prend son essor, dans sa plus grande intensité, » cette espèce d'intellect qui a permis à l'humanité » de réaliser ses plus saillants progrès, car c'est » de cette classe que procède pratiquement l'ensemble de ce génie qui se manifeste dans la littérature, » dans les découvertes et les inventions des arts, » dans la sagacité commerciale et dans les réformes » sociales ; et notre système agricole s'est montré » éminemment propre à favoriser l'enfantement et » le développement de cette classe ».

Cette observation nous amène à reprendre le fait souligné par M. Teisserenc de Bort de l'abaissement des prix de gros et du maintien des prix de détail, car il inspire encore d'utiles remarques qui seront ici bien placées.

Il est hors de doute, par exemple, que cet abaissement des prix de gros et ce maintien des prix de détail coïncidant avec l'écrasement des diverses productions par les charges de l'impôt, l'élévation des salaires, les exigences techniques et l'âpreté de la concurrence, ont pour effet de favoriser l'avènement et le développement excessif de nouvelles couches de classes intermédiaires.

Il est non moins évident que cette classe d'intermédiaires, démesurément grossie par la désertion que les charges publiques croissantes causent dans les diverses entreprises agricoles et industrielles, détourne à son profit par les hauts prix de détail, la plus grande partie de l'épargne générale qu'elle exagère en imposant d'inutiles et lourdes privations aux consommateurs des classes laborieuses.

De là on peut se rendre compte de ce qu'il est inévitable que le développement des consommations générales soit enrayé fortement comme il l'est, malgré l'abaissement des prix de gros, l'aggravation des difficultés de consommation pour la plus grande masse du peuple ne pouvant avoir d'effet plus direct et plus général.

Dans ces conditions, on peut encore apercevoir que, si la production générale se ressent fatalement d'un état de choses aussi désastreux, c'est dans tous les cas, bien inutilement qu'elle cherche à diminuer les prix de revient par un meilleur outillage, par exemple, puisque le profit de cette diminution ne tarde pas à être acquis à la classe des boutiquiers devenue excessivement parasitaire.

En effet, cette classe, tant par le nombre excessif de ses membres que par le maintien de ses prix de vente, retire des sommes de plus en plus grandes des marchandises qu'elle acquiert à des prix de plus en plus vils, grâce aux progrès incessamment accomplis dans la production.

Si l'on s'arrête à méditer sur cette question de

l'envahissement du petit commerce, on voit que les éléments en sont fournis par la ruine de certaines petites industries et l'économie de personnel dirigeant que permettent les progrès industriels, puis par ce fait que des salariés, qui arrivent à posséder un petit pécule, n'ont guère que cette branche du petit commerce qui leur soit ouverte comme leur permettant de vivre avec une certaine indépendance et de jouer au bourgeois ; mais c'est surtout la population agricole qui, à cause de ses faibles gains, de ses grands risques, de la limitation de son action et de ses lourdes charges, se trouve amenée à fournir l'appoint le plus considérable de cet envahissement, et, en passant, nous pouvons remarquer que les longs séjours dans les casernes de nos villes ne sont pas sans exercer une influence considérable à cet égard sur l'esprit de nos campagnards.

En ce qui concerne le point de fait, on ne saurait mieux faire ressortir la décomposition de notre organisme économique qu'en montrant l'accroissement pris par les classes de non-producteurs.

L'*Enquête Agricole* de 1882 nous dit à ce sujet, et depuis ce temps les choses n'ont fait que croître et embellir, qu'en 1862 la densité kilométrique de la France était de 69 habitants, dont 57 producteurs et 12 non-producteurs, tandis qu'en 1882 la densité kilométrique était de 71 habitants, dont 51 producteurs et 20 non-producteurs.

Mise en regard, d'abord, de l'abaissement des prix de gros, c'est-à-dire, en beaucoup de cas, d'un moindre profit pour les producteurs, puisque, somme toute, la consommation est limitée par la quantité de nos matières premières et que nous en avons constaté le stationnement ; et, ensuite, du stationnement des prix de détail, qui ne permet pas aux consommations générales de se satisfaire, cette considération contient, on peut l'affirmer, tout le problème de la crise générale à laquelle l'accroissement des charges militaires a tant contribué.

Voici, du reste, d'après l'*Enquête Agricole*, le tableau de la population spécifique, par kilomètre carré, en France :

Profession	1861	1866	1872	1876	1881
Agriculture	36.59	36.09	35.03	35.89	34.52
Industrie	20.26	20.18	15.99	17.54	17.64
Commerce et transports	2.84	2.79	5.61	7.26	8.79
Autres et non dénommées	9.16	11.04	11.67	9.13	10.32
	68.85	70.10	68.30	69.82	71.27

Quelque effort que l'on fasse et quelque ingénieusement qu'on s'y prenne, il est donc évident que le marché général appartient, en fin de compte, au pays le moins chargé de dépenses improductives, abstraction faite de toute question de distances et d'avantages naturels ou acquis chez les divers concurrents.

Dès lors, on saisit l'enchainement fatal des phénomènes qui signalent et caractérisent la crise économique lamentable dont souffrent les populations européennes, et dont chacune cherche à s'affranchir, en s'ouvrant de nouveaux débouchés par l'abaissement des prix de revient, ou par des encouragements spéciaux à diverses productions; et, de plus, *l'on aperçoit très bien l'inanité de tels efforts, qui ne sauraient un instant se comparer avec l'extraordinaire pression contraire que représentent les charges militaires et la décomposition de notre organisme économique et social. Les primes, les encouragements de toute nature, les travaux de viabilité, etc., n'occupent, en effet, dans les budgets, qu'une portion extrêmement faible des dépenses générales, dont la plus grande partie est motivée par la guerre, ses suites ou sa préparation*, et tout avantage partiel, obtenu arbitrairement, entraîne, on l'a vu, un affaiblissement général de la production, par la réduction correspondante des consommations de l'ensemble du pays ; de là le déséquilibre général et persistant entre la production et la consommation.

DEUXIÈME PARTIE

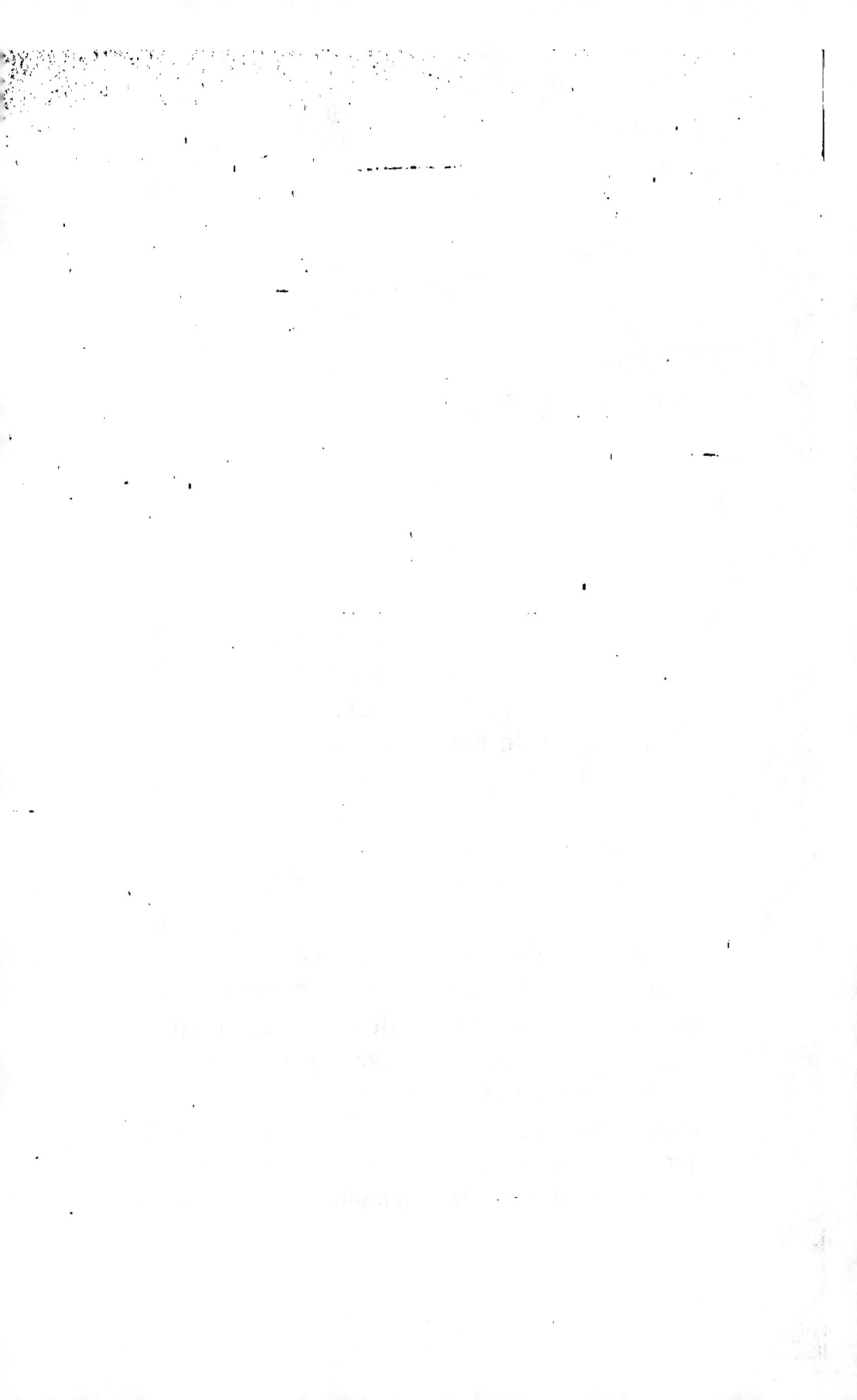

VII

DÉCHÉANCE ÉCONOMIQUE DE L'EUROPE

Il saute aux yeux qu'en se proposant d'étudier l'influence du service militaire sur la production similaire de l'Amérique et des autres parties du monde, on se trouve dans la plus étroite nécessité de se placer exclusivement au point de vue économique dans tout le cours de la discussion à soutenir.

Par là même, on fait tout d'abord, et une fois pour toutes, abstraction aussi complète que possible des préjugés de race, et l'on n'accorde qu'une valeur temporaire aux procédés anti-économiques imposés par une vicieuse orientation de la politique extérieure ou intérieure des divers pays.

En nous élevant au-dessus des misérables compétitions que fait naître cet état d'esprit particulier que l'on nomme chauvinisme, ce point de vue nous ramène toujours à la considération des véritables intérêts des populations, en subordonnant la passion politique aux saines conceptions d'ordre économique et social.

Il faut bien admettre que l'Europe n'est pas nécessairement condamnée à se déchirer périodiquement, et que la constitution normale de l'Occident, dans l'état présent des choses, peut être regardée, dans son ensemble, comme suffisamment assise, à cela près de quelques rectifications pour lesquelles l'œuvre du temps et de la civilisation sera d'apporter des solutions définitives.

Nous sommes de ceux qui regardent la guerre dans l'âge présent de l'humanité comme un anachronisme, et qui s'étonnent autant de ce que de grandes nations croient n'avoir que ce moyen extrême de régler leurs différends qu'ils s'étonneraient de voir les Normands se mettre en campagne contre les Picards.

Nous sommes de ceux à qui le clinquant et les paillettes de la gloire militaire n'en imposent pas, et à qui le fracas et l'honneur des victoires n'en dérobent pas la vanité et l'horreur.

Nous sommes de ceux qui, tout en admirant cette grande école d'honneur, de talent, de courage, de dévouement, de discipline, d'abnégation et de patriotisme que l'on appelle l'armée, ne peuvent que qualifier de stupide l'entraînement général actuel de tous les peuples d'Europe, vers tout ce qui est de nature à fortifier et accroître cette institution, car cette préoccupation hypnotique, à laquelle cèdent les malheureuses populations européennes, a pour résultat d'enrayer le mouvement d'amélioration générale.

Et, croyant que, sortie de l'enfance, l'humanité doit connaître d'autres moyens que la dévastation et la conquête pour mettre en contact, les uns avec les autres, ses divers groupes ethniques ; croyant que le souci des destinées de la patrie française n'est pas moins grand chez nos compatriotes, en général, que chez nous-mêmes ; croyant que les Européens ont, chacun pour son pays, des préoccupations de même ordre, nous déplorons vivement que tant de motifs de vouloir la paix n'aboutissent qu'à préparer la guerre, car la paix peut être obtenue d'une manière honorable et définitive en dehors de la guerre et plus sûrement.

Mais déjà les hommes qui président aux événements, par leur situation politique, les gouvernent en réalité de moins en moins, par suite de la multiplicité si rapidement et si largement croissante des relations humaines. La dépendance mutuelle et réciproque des peuples va chaque jour s'accusant davantage, et nous espérons qu'un jour viendra, qui n'est pas très loin, où les populations européennes auront la pleine conscience de l'absurdité d'en appeler aux armes pour la solution de questions que, pour la plupart, nous n'entendons que grâce à des traditions qui ont fait leur temps, les nécessités réelles de notre époque nous vouant entièrement au travail, à la science et aux arts.

Il existe à présent un tel enchevêtrement, une telle intrication d'intérêts entre les divers pays, que le moindre fait de quelque importance produit immédiatement et partout d'intenses effets répercuteurs, d'où résultent bientôt des réactions efficaces comme on l'a pu voir plus d'une fois déjà durant ces dernières années, grâce à ceci que la rapidité des communications avertit, en un instant, l'Europe tout entière du danger que courent ses intérêts, et donne par là une cohésion et une vigueur extrêmes à l'opinion publique européenne.

C'est ainsi que des difficultés, qui paraissaient devoir se résoudre par les armes, ont été aplanies par la force des choses et par cette crainte de la guerre, que trahit, avec tant d'évidence, le maladif entraînement militariste auquel nous sommes en proie.

Mais c'est le malheur de notre temps et de notre Europe d'avoir à compter avec les difficultés d'une situation politique mal définie, qui nous fait vivre dans l'attente d'événements effroyables.

La question qui prime toutes les autres et qui, véritable boîte de Pandore, paraît contenir tous les maux qui désoleront les temps prochains ; celle qui, depuis une génération, affole les gouvernements et justifie leurs armements extravagamment coûteux ; celle à laquelle les autres questions restent subordonnées et qui tient en suspens le progrès de la civilisation européenne à tant de points de vue ; celle qui, à chaque instant, fait passer un frisson d'épouvante sur toutes les nations de l'Occident en les menaçant d'une conflagration générale ; celle qui jette ces nations dans une telle angoisse qu'elle motive chez les unes et les autres des alliances, des combinaisons et des rapprochements, dont la destinée aussi courte qu'incertaine, satisfait si mal leurs propres auteurs ; celles dont la seule crainte nous conduira, selon toute vraisemblance, à la banqueroute et à la misère, en attendant qu'à la suite d'horribles ravages, de sanglantes hécatombes et de sauvages boucheries, elle amène de vains et fragiles remaniements de la carte d'Europe, destinés à devenir à leur tour le sujet nouveau de terreurs incessantes ; c'est assurément et sans contredit la question franco-allemande d'Alsace-Lorraine qu'il ne pourrait venir à l'idée de personne de considérer comme définitivement réglée, et dont la gravité a fait dire à M. de Moltke, dans la séance du Reichstag allemand du 16 février 1874 : « Nous devons nous tenir en état de » protéger pendant cinquante ans par les armes ce » qu'en six mois nous avons acquis par les armes, » afin qu'on ne nous le ravisse plus »

(Was wir in einem halben Jahre mit den Waffen errungen haben das mögen wir ein halbes Jahrhundert mit den Waffen schützen, damit es uns nicht wieder entrissen wird.)

Nul ne peut donc se faire illusion, car ces paroles, aussi autorisées que pleines de promesses, justifient trop bien, malheureusement, la terreur et l'angoisse qui étreignent tous les cœurs, chaque fois que des incidents malheureux réveillent les haines nationales, et donnent un effrayant relief aux transports frénétiques d'un chauvinisme qui n'en est plus à compter ses manifestations imprudentes.

On se secoue alors, et fiévreusement, avec rage, on reprend, on continue, on étend, on augmente ses armements. *Si vis pacem para bellum* répète-t-on et, en vue de la paix, on prépare de plus en plus la guerre, on s'arme jusqu'aux dents, on dépense sans compter, on gaspille les deniers publics, on écrase d'impôts les populations, qui étouffent sous cette charge si lourde, si persistante, et dont le poids augmente toujours. On se ruine en préparatifs de guerre, en inventions, en expériences, en constructions, en essais de toutes sortes. A peine achève-t-on quelque procédé d'armement que, doutant de son efficacité d'abord vantée, et pour ne pas rester en arrière de ses voisins, on projette de nouvelles inventions, de nouvelles constructions, de nouvelles dépenses, de nouveaux impôts. On jongle avec les millions, et les budgets se soldent par des milliards ; la dette augmente rapidement. L'avenir est si chargé que nos neveux n'auront pas assez de malédictions pour nos fautes, et qu'à voir le triste état où nous sommes réduits, on croirait qu'il ne nous en reste plus à commettre, si à notre délire ne s'ajoutait la plus funeste fécondité d'inventions malfaisantes. Partout ces préoccupations malsaines exercent leurs ravages ; partout les hommes, arrachés par grandes masses aux travaux productifs vont grossir les rangs formidables des régiments et dévorer, pendant leurs plus belles années, au sein d'une oisiveté absolue, au point de vue économique, les ressources laborieusement acquises par leurs aînés.

> La terre et le travail de l'homme,
> Font pour les assouvir des efforts superflus.

Franchement est-ce tenable, et peut-on même hasarder des prévisions sur les conséquences d'un pareil état de choses !

Et puis, avec cette incertitude, cette insécurité, ce soupçon, cette fièvre et cette haine jalouse qui se manifestent à tout instant par des incidents de frontières, un relèvement économique est-il possible ?

Que faut-il aussi penser de notre civilisation, lorsque l'on voit les nations les plus éclairées, les plus dignes et les plus vaillantes se livrer ouvertement au plus honteux espionnage.

Que faut-il attendre de tous ces actes d'inimitié et de provocation que chaque jour voit éclore !

Et n'y a-t-il pas lieu de s'attrister vraiment en voyant que le misérable legs de la génération précédente nous condamne, quoique nous en ayons, à tenter une revanche de 1870.

Ce sentiment de tristesse et de regret n'est-il pas justifié, lorsque l'on constate que la guerre, maintenant si contraire à nos mœurs et à nos besoins, nous est de plus en plus antipathique, malgré les efforts que l'on fait pour réveiller les plus mauvais instincts des hommes, en vue de les préparer aux égorgements auxquels on les destine.

Et quand on songe aux moyens mis en œuvre à présent par la guerre ; quand on se représente la formidable puissance de destruction dont nous disposons les uns et les autres, n'y a-t-il pas lieu de frémir d'horreur et de trembler sur l'avenir !

Qui peut dire ce qu'il pourrait advenir d'une conflagration générale, ou même — cas improbable — d'une guerre localisée entre la France et l'Allemagne ?

Qui ne pense avec terreur à l'effrayante chose que serait un nouveau choc entre ces deux nations armées l'une et l'autre comme elles le sont maintenant, animées l'une pour l'autre d'une haine aveugle et longtemps nourrie, et décidées l'une et l'autre à traiter l'ennemi par la terrible « saignée à blanc », dont parlait M. de Bismarck dans un discours célèbre, prononcé au Reichstag, lors de la discussion de la loi sur le septennat.

Il ne faut pas se le dissimuler, la position générale de l'Europe est véritablement critique, et en courant, comme on le fait, vers des aventures dont on ne peut d'avance mesurer les conséquences, il est certain que l'on prépare de terribles événements, tant dans l'ordre politique que dans l'ordre économique et social.

Si déjà nos progrès, pourtant si remarquables, deviennent généralement infructueux pour une grande partie des populations, il est raisonnable de redouter les conflagrations que nous avons en perspective.

La déchéance économique définitive de l'Europe peut très bien être le premier et le plus sûr résultat des armements insensés auxquels on se livre ; et, *pour peu que l'on songe à la tendance qu'ont naturellement tous les peuples à développer leurs moyens économiques, et à secouer le joug industriel des pays les plus avancés,* on arrive à regarder comme assez vraisemblable que le travail et le capital, opprimés en Europe, seront de plus en plus attirés et bien accueillis dans les pays nouveaux, où force leur sera bien d'émigrer.

Toutes choses égales, d'ailleurs, l'industrie d'un pays a auprès de la population de ce pays d'énormes avantages sur la production étrangère, et pour que celle-ci puisse garder sa clientèle, il faut qu'elle ait accompli des progrès considérables, lui permettant de produire avec une grande économie. C'est bien là le cas de l'industrie européenne vis-à-vis de l'industrie des pays nouveaux ; mais, l'industrie encore faible de ces pays nouveaux s'étend et s'améliore chaque jour à mesure que lui viennent le capital et le travail d'Europe, et, sous ce rapport, nous pouvons être appelés à assister avant peu à des transformations bien rapides, aidées, d'ailleurs, par l'économie réelle que présente le traitement sur place des matières premières, originaires des pays nouveaux.

Pour nous, malgré les apparences contraires, la

position des peuples mercenaires nous paraît *précaire*, et le temps n'est pas loin peut-être, où leur joug devra grandement se relâcher, au moins pour certaines industries, par suite des charges exorbitantes des pays d'Europe.

Il n'est pas douteux pour nous, par exemple, que les Européens ne pourraient concurrencer nulle part avec les produits agricoles et industriels des Etats-Unis, sans la politique absurde de ce dernier pays au point de vue économique ; mais, ce que les Etats-Unis ne font pas, d'autres pays le peuvent vouloir faire, au moins en ce qui concerne leur propre dépendance, et peu à peu, nous pouvons voir se tarir de grandes sources de revenu pour l'industrie européenne.

Tous les pays civilisés progressent rapidement sous le rapport industriel, et l'on peut voir que partout les plus grands efforts sont accomplis pour s'affranchir du joug des voisins ou concurrents. Autrefois, par exemple, Londres était l'entrepôt naturel d'une foule de produits destinés au Continent d'Europe ; or, ce privilège tend de plus en plus à disparaître, et les transports directs aux pays consommateurs sont devenus maintenant la règle presque absolue.

A ce sujet, le *Statistical abstract* nous présente un tableau, dont nous transcrivons les chiffres extrêmes, et qui montre la réduction considérable et constante des transbordements dans le Royaume-Uni.

Valeur des transbordements de marchandises étrangères dans le Royaume-Uni :

1873	£	13.764.400
1887	»	9.992.778

La Grande-Bretagne a été et est encore le grand intermédiaire du monde entier ; mais, qui pourrait assurer que cette fonction lui va rester ! Que l'on étudie, par exemple, sur le tableau suivant les détails des transbordements faits, en 1873 et en 1887, dans le Royaume-Uni, et l'on verra comme de grands pays se ferment rapidement à ce trafic indirect, source de profits considérables.

Valeur totale des Marchandises étrangères importées, en transbordement de tous les pays, dans les ports du Royaume-Uni, et exportées après transbordement :

	Exportations		Importations	
	1873 £	1887 £	1873 £	1887 £
Russie	154.333	44.126	37.049	4.843
Suède	22.426	28.929		
Danemarck	19.904	87.437	3.076	4.597
Allemagne	1.047.725	631.980	2 137.974	1.583.557
Hollande	545.223	284.264	1.292.183	573.772
Belgique	463.393	153.305	1.093.543	483.561
Iles normandes	33.677	51.644	98.360	16.297
France	755.766	147.398	5.026.504	2.971.142
Portugal, Açores et Madère	23.529	16.107	122.314	238.819
Espagne et Canaries	113.107	55.757	256.261	328.136

	Exportations		Importations	
	1873 £	1887 £	1873 £	1887 £
Italie	76.897	192.195	171.235	54.575
Empire Ottoman	280.929	63.855	222.797	414.673
Egypte	128.118	17.[illegible]85	54.230	24.394
Maroc et Côte Occidentale d'Afrique	156.142	101.869		
Sud-Africain britannique	128.482	276.684		
Indes britanniques	546.347	1.033.316	381.035	560.639
Iles Philippines	57.445	93.392	40.422	52.729
Chine, Hong-Kong compris	383.209	639.856	571.583	572.544
Japon	256.913	102.217	15.265	14.165
Australie	1.169.553	1.079.363		
Amérique anglaise	359.461	204.372		
Antilles anglaises	128 334	83.150		
Haïti et Antilles non britanniques	215.810	217.711		
Etats-Unis	3.600.561	2.897.585	523.507	1.105.463
Mexique	153.528	29.505		
Amérique centrale	31.288	45.765		
Colombie	498.549	268.556	174.806	97.501
Brésil	795.855	157.367	276.131	147.655
République-Argentine	352.705	250.078		
Chili	719.102	148.821	235.107	3.819
Pérou	48.241	7.420		
Autres Pays	467.348	581.469	780.818	692.721

Ceci nous est un indice très sérieux touchant la rétrogradation économique qui attend les pays mercenaires d'Europe, par la continuation et l'aggravation de la politique militariste, et par l'invincible tendance de tous les peuples à s'assurer le profit direct de l'exploitation de leurs richesses nationales.

L'Européen est maintenant dans une impasse, et nous comprenons le légitime orgueil avec lequel on a pu écrire aux Etats-Unis, dans un document officiel, quelques remarques que nous croyons bon de traduire, ici, comme résumant très bien la discussion de l'influence du service militaire sur la production européenne, par rapport à la production similaire de l'Amérique et des autres parties du monde, objet du présent travail.

Le *Tenth Census* (statistics of manufacture, page 951), dit en effet :

« Il faut enfin considérer que, parmi nos plus » grands avantages, figurent notre affranchissement » de l'impôt de sang d'une armée permanente et » l'application à des objets utiles et productifs des » produits de l'impôt.

» C'est ce que l'on peut affirmer malgré la » mauvaise administration de quelques grandes » villes et de quelques-uns des Etats du Sud.

....

» Notre armée n'est qu'une police de frontière. » Quoique ses officiers soient honorés et estimés, il » n'y a pas beaucoup de personnes qui tiennent à en » faire leur carrière, et, avec le temps, cette fonction » sera de moins en moins recherchée. De cette ma- » nière, non-seulement nous ne payons pas l'impôt » nécessaire au maintien d'une armée permanente,

» mais encore nous ne connaissons pas l'impôt bien
» autrement détestable, qui consiste à enlever les
» citoyens à leurs travaux utiles et productifs.

» C'est sous ce rapport que nous sommes beaucoup
» mieux placés que les nations de l'Europe continen-
» tale.

» Qu'avons-nous à craindre de la concurrence de
» l'Allemagne si nous voulons réellement entre-
» prendre de la battre sur les marchés neutres que
» nous pouvons atteindre aussi rapidement qu'elle ?

....

....

» Quand dans le trafic du monde on tient compte
» avec une extrême attention d'un demi cent par
» yard, d'un cent par bushel ou d'un demi penny par
» livre sur les principaux articles, aucune nation ne
» peut longtemps réussir à détenir un trafic qu'alour-
» dit l'entretien d'une armée permanente. Mais la
» protection de l'Allemagne contre notre concurrence
» dans les marchés neutres peut être compensée par
» la concurrence bien autrement dangereuse que
» nous lui faisons en appelant ses travailleurs.

» L'Allemand connait déjà le Texas et rien que
» dans les 60,000 milles carrés de terre, dont le seul
» Texas dépasse la superficie totale de l'empire d'Al-
» lemagne, nous avons de quoi offrir à des millions
» d'immigrants de la place et de saines conditions
» d'existence ; et, si ces immigrants viennent en
» nombre suffisant, ils pourront récolter sur ce carré

» de terre autant de coton qu'en produit maintenant
» tout le Sud, c'est-à-dire 5,000,000 de balles, et
» autant de froment qu'en produit maintenant tout
» le Nord, c'est-à-dire 400,000,000 de bushels, tout
» en subsistant sur le produit des terres non affec-
» tées à ces deux cultures. »

Ce sont là des réflexions qui ont une très grande portée, et dont nous tous, Européens, nous devrions savoir tirer profit. Nous sommes sur une pente dangereuse et nous la descendons follement, au lieu de songer à l'avenir et de comprendre qu'il est d'urgente nécessité pour l'Europe d'abandonner la politique rétrograde et désastreuse qui nous ronge, afin de pouvoir procéder aux réformes fiscales, qui sont indispensables dans l'état présent des choses. Comme l'a dit si bien M. Paul Leroy-Beaulieu : « Si l'on veut
» que les nations ne plient pas de nouveau comme
» à la fin du XVIIIe siècle, sous le poids des fautes
» accumulées, il faut se reporter aux leçons de la
» science des finances. »

VIII

LA SERVITUDE MILITAIRE ET LES BESOINS ÉCONOMIQUES ET SOCIAUX DES POPULATIONS

Pour rechercher maintenant ce qu'enlève directement à l'activité agricole, industrielle et commerciale, le temps passé sous les drapeaux, et ce que leur cause indirectement de tort, le retard ou le trouble apporté aux débuts et à l'exercice des diverses carrières par les exigences du service, nous devons examiner ce que représente, au point de vue national et au point de vue privé, l'effort militaire de chaque pays.

Tout d'abord, au point de vue national, il convient de remarquer que tous les Etats européens semblent se préoccuper, de plus en plus exclusivement, d'augmenter le nombre de leurs combattants éventuels, pour cette raison, peut-être trop complaisamment admise, que la victoire appartient aux gros batail lons, et aussi par suite des tendances égalitaires que l'esprit public européen affirme de plus en plus, en ce qui concerne l'impôt du sang.

Il en résulte que la question du nombre absorbe, jusqu'à la manie, ceux qui ont à légiférer dans les divers pays sur l'organisation des forces militaires.

Cette préoccupation les engage souvent, par une espèce de surenchère, à faire assaut de sacrifices patriotiques au nom des populations qu'ils représentent, et de temps en temps ces populations peuvent lire dans les gazettes, et non sans quelque stupéfaction, que le projet de M. tel ou tel donne au pays 40.000 ou 100.000, ou 600.000 hommes de plus. Ces populations arrivent ainsi à savoir que, trois mois plus tôt, leur pays avait 600.000 combattants de plus que l'ennemi héréditaire, tandis que, par suite de l'incurie des gouvernants, ou par suite des préparatifs de l'ennemi en question, leur effectif militaire se trouve être de 600.000 hommes inférieur à celui du voisin. Et les complaisants rédacteurs d'articles enflammés ne manquent pas d'ajouter : voilà la vérité !

On sait plus ou moins vaguement, cependant, que le fait de coucher sur le papier des effectifs totaux de 3, 4, 5 et 6 millions d'hommes n'assure pas tant que cela la vraie supériorité militaire, et que pour nourrir, entretenir et diriger de telles masses, comme on semble se le proposer, ce ne serait pas trop de pouvoir quelque peu ajouter aux facultés humaines et aux forces productives de la nature !

Renouvelée des anciens empires d'Asie, la théorie militariste, qui a maintenant la vogue parmi nous, donne assez volontiers une importance négligeable au véritable esprit militaire, fait d'une longue habitude de la discipline et de l'abnégation de soi-même, ainsi que d'une tendance acquise au sacrifice de la vie et aux actions héroïques, soigneusement entretenue par des moyens variés et par ce que l'on appelle l'esprit de corps.

C'est pourquoi, malgré l'appareil formidable des armées européennes, il est permis de dire que nul pays ne peut tenir pour assuré qu'il possède une véritable armée, car l'impressionnabilité, la mobilité d'esprit des foules menées au combat, au milieu des efforts et des privations qu'impose la guerre, peut donner en un instant des conséquences incalculables au moindre échec, ou même au moindre fait pouvant affecter le moral des troupes.

Que serait alors l'action des officiers sur leurs hommes, c'est ce qu'il est difficile de dire ; mais on peut affirmer qu'avec ces grandes cohues qu'une guerre mettrait en mouvement, une panique offrirait le plus lamentable et le plus affolant spectacle.

Avec des troupes solides, rompues au métier des armes, le moral n'est jamais atteint, et tout se répare ; tandis que des bandes à peine enrégimentées, mal disciplinées, inquiètes, soupçonneuses et sans consistance, ne tiendront jamais dans la main de leurs chefs, réservées qu'elles sont peut-être à des désastres sans nom.

Pour traduire notre pensée par une image qui rende bien l'impression que nous laissent nos craintes, rappelons avec le poète des *Châtiments*, qu'un jour

....

La déroute, géante à la face effarée,
Qui, pâle, épouvantant les plus fiers bataillons,
Changeant subitement les drapeaux en haillons,
A de certains moments, spectre fait de fumées,
Se lève grandissante au milieu des armées,
La déroute apparut au soldat qui s'émeut,
Et, se tordant les bras, cria : Sauve qui peut !
Sauve qui peut ! affront ! horreur ! toutes les bouches
Criaient ; à travers champs, fous, éperdus, farouches,
Comme si quelque souffle avait passé sur eux,
Parmi les lourds caissons et les fourgons poudreux,
Roulant dans les fossés, se cachant dans les seigles,
Jetant schakos, manteaux, fusils, jetant les aigles,
Sous les sabres prussiens, ces vétérans, ô deuil ?
Tremblaient, hurlaient, pleuraient, couraient ! — En un clin d'œil
Comme s'envole au vent une paille enflammée
S'évanouit ce bruit qui fut la grande armée.

....

Les jeunes recrues que la France épuisée envoyait à Waterloo encadraient des troupes admirables qui ne faiblirent pas ; mais la défaite fut un désastre qui disloqua complètement les régiments où la discipline n'avait pu encore pénétrer complètement l'âme du soldat ; et, plus près de nous, la guerre franco-allemande a fourni plus d'un exemple de la facilité avec laquelle certaines troupes échappent à l'action des chefs.

La qualité de l'armée n'importe donc pas moins que la quantité des soldats qui la composent ; mais cette vérité paraît obscurcie auprès de l'opinion publique en ce moment, où l'on se préoccupe surtout d'avoir beaucoup de soldats.

Cette préoccupation a valu à l'Europe le service militaire obligatoire pour tous, du moins en principe ; mais l'esprit du jour travaille avec ardeur à appliquer le principe dans son intégrité, et c'est sous ce rapport que de graves embarras sont introduits dans certaines carrières, qui demandent une grande sécurité, beaucoup d'études et une longue préparation, ce dont nous aurons à nous occuper plus loin.

Dans son ouvrage, la *France actuelle*, M. Ramon Fernandez relève d'après les travaux de MM. Barthélemy, Hermanvogt, d'après le *Whitaker's Almanack* et d'après l'*Almanach de Gotha*, le tableau ci-après, des forces militaires des divers pays :

Armées permanentes :

	Pied de paix	Effectif total
France	551.442	4.108.655
Allemagne	491.825	3 030.262
Russie	830.640	1.965.102
Angleterre Métropole	220.063	972.425
» Colonies	127.810	
Italie	265.889	2.387.333
Autriche-Hongrie	267.439	1.067.628
Espagne Métropole	115.482	829.429
» Colonies	40.655	
Turquie	158.959	1.182.000

	Pied de paix	Effectif total
	—	—
Suède et Norwège	58.896	245.406
Portugal	32.120	140.545
Suisse	?	205 690
Belgique	44.594	224.102
Pays-Bas	—	222.486
Danemark	—	49.305
Etats-Unis	26.436	10.230.436
Mexique	50.000	175.000
Brésil	15.000	36.847
Chili	8.139	61.880
République Argentine	7.400	357.400

Si l'on rapproche les données de ce tableau des chiffres, ci-après rassemblés, de la population ouvrière de chaque pays, suivant M. Mulhall, il sera facile d'apprécier, *grosso modo*, l'effet du recrutement sur le contingent ouvrier agricole et industriel.

Travailleurs de toutes les nations :

	Milliers			Proportion			
	Agriculture	Manufacture	Diverses	Agriculture	Manufacture	Diverses	Total
Royaume-Uni	2.989	6.241	11.289	14.6	30.4	55	100
France	14.162	6.615	6.988	51	24	25	100
Allemagne	12.920	10.140	7.014	43	34	23	100
Russie	40.590	2.436	6.494	81	5	14	100
Autriche	13.755	3.266	7.987	55	13	32	100
Italie	12.862	1.274	4.174	70	7	23	100
Espagne	3.360	1.344	6.416	30	12	58	100
Portugal	1.251	220	1.306	45	8	47	100
Belgique	1.512	1.436	828	40	38	22	100
Hollande	1.663	321	806	58	12	30	100
Scandinavie	3.540	520	1.750	61	9	30	100
Europe	108.504	33.813	55.052	55	17	28	100
Etats-Unis	7.713	3.526	18.876	26	12	62	100
Total	116.217	37.339	73.928	51	17	32	100

Ce rapprochement donne en effet les résultats suivants en ce qui concerne le pied de paix dans les divers pays :

	Armée	Agriculteurs	Ouvriers d'Industrie	Divers, Transports et Commerce
	—	—	—	—
France........	551.442	281.235	132.346	137.860
Allemagne.....	491.825	211.484	167.220	113.119
Russie..........	830.640	672.818	41.532	116.289
Angleterre.....	220.063	32.129	66.899	121.034
Italie............	265.889	186.122	18.612	61.154
Aut.-Hongrie.	267.439	147.091	85.580	34.767
Espagne.........	115.482	34.644	13.857	66.979
Scandinavie..	58.896	35.926	5.300	17.668
Portugal........	32.120	14.354	2.569	14.996
Etats-Unis.....	26.436	6.873	3.172	16.390

Quand on considère ces chiffres sur lesquels il est inutile d'insister par des commentaires qui n'y sauraient rien ajouter, on a tôt fait d'apercevoir l'opposition flagrante qui existe entre les besoins réels des populations européennes et les préoccupations militaristes qui les tourmentent.

Cette opposition, d'ailleurs, est très bien mise en relief par le contraste que présentent les peuples d'Europe et d'Améri ue sous le rapport militaire. Il est impossible de n etre pas frappé de ce qu'aux Etats-Unis, par exemple, l'effectif de l'armée est tellement réduit qu'il n'atteint pas même l'effectif de notre gendarmerie française.

Par là, il est facile de voir tout le tort que cause, à l'agriculture et à l'industrie de l'Europe, le fait d'appeler et de retenir sous les drapeaux les troupes considérables d'hommes que relève le premier des trois tableaux ci-dessus présentés. En effet, cette masse permanente d'hommes jeunes, vigoureux, qui pourraient et qui devraient produire, et qui sont tenus, au point de vue économique, dans une oisiveté déplorable, constitue une charge véritablement écrasante, outre qu'elle crée et développe de terribles dangers pour l'avenir prochain de notre société.

Ce qu'il faut déplorer surtout, c'est qu'un état d'esprit particulier et absolument romanesque est généralement entretenu et cultivé au sein des populations, sous l'influence d'écrivains de tout ordre et de discoureurs de toute catégorie, qui se font une riche source de revenus des inquiétudes et des passions qu'ils se plaisent à répandre, sous couleur de patriotisme.

Cet état d'esprit ne permet guère aux saines doctrines de s'avancer, et le tapage que font les faiseurs de nouvelles à sensation, retarde indéfiniment l'avénement d'une opinion publique vraiment gouvernée par la considération des intérêts permanents, généraux et supérieurs des pays.

Il en résulte que l'on est condamné à subir l'insupportable pression d'une opinion qui n'a d'autre caractère que d'être tumultueuse, affolée, inquiète et présomptueuse autant qu'ignorante, et que ceux qui gouvernent, pour en avoir raison, seront de plus en plus tenus de recourir aux plus tristes moyens et d'abaisser leurs fonctions jusqu'à faire un usage habituel et reçu de la corruption et du mensonge.

L'entraînement est général, la préoccupation éternelle de tous les esprits étant de sortir à tout prix des difficultés qui nous enserrent, et chacun, ayant son remède à produire, ne manque pas de pousser à l'agitation. Ainsi voit-on les plus folles idées circuler, comme par exemple — et ce n'est pas la moins drôle, dans l'état présent des finances et des exigences militaires — cette obligation, imposée sous forme de consigne, de développer toujours notre armement sans emprunt ni impôt nouveaux. Il fallait s'en tirer par des économies que l'on réclamait à cor et à cris, mais dont au fond personne ne voulait ; disons : personne de ceux qui auraient eu à les subir, et déjà l'on nous fait entrevoir qu'il faudra se résigner à frapper de nouveaux impôts pour consolider nos finances.

Au point de vue politique, comme au point de vue social, la direction anti-économique des pays d'Europe pourrait bien recevoir un prompt châtiment, car, acculés que nous sommes, dans une position sans issue, il faudra bien, à un moment donné, modifier d'une façon ou d'une autre le régime détestable auquel l'Europe est soumise : *la question serait de savoir où, quand, et par qui attacher le grelot*. La crise, en effet, atteint son paroxysme et, de jour en jour, se montre sous un aspect plus menaçant.

Malgré un travail incessant, les producteurs, accablés de charges, de difficultés et d'obligations personnelles ont toutes les peines du monde à suffire à leurs besoins, et gémissent avec raison sous la tyrannie d'un impôt accablant.

Il est certes bien heureux, ainsi que nous avons

tenu à le faire ressortir dans la première partie de ce travail, que tant de merveilleux progrès aient été accomplis dans toutes les branches de l'activité humaine, car, autrement, jamais nous n'aurions pu supporter les lourds budgets de nos jours.

Sans l'écrasement budgétaire que crée le reliquat formidable des guerres du passé, et la préoccupation des nécessités militaires du présent et de l'avenir, il nous serait donné sans aucun doute d'assister à un merveilleux essor économique, par le développement du bien-être matériel et des satisfactions intellectuelles et morales, dans tous les rangs de la société ; mais notre puissance productive, en beaucoup de cas, reste stérile par les entraves de toute nature que les obligations militaires imposent aux entreprises de tous les citoyens, surtout au début des carrières, alors que l'on se sent animé par les plus fières illusions, alors que l'on possède le feu sacré, et alors que l'activité de chacun de nous a quelque chose d'intrépide, de confiant et de large, par quoi les difficultés des premiers débuts se trouvent plus facilement surmontées.

Il n'est pas niable qu'un tort considérable est causé aux diverses industries d'un pays par le recrutement militaire, effectué avec la rigueur actuelle, et que, dans beaucoup de cas, grâce aux inconvénients et aux conséquences qu'il entraîne, la destination sociale et le rôle économique des citoyens se trouvent profondément modifiés. C'est cette déperdition, ou tout au moins cette perturbation, des forces économiques d'un pays qu'il faut déplorer, *et dont malheureusement on n'apprécie pas tout le danger politique et social !*

Il n'est pas indifférent, tant s'en faut, de courber tout le monde sous cette dure loi du service militaire, d'où résultent tant de troubles et de pertes pour les populations qui y sont soumises ; mais si la passion qu'on apporte aux discussions sur ce sujet, méconnait volontiers l'importance économique et sociale de la question, il n'est cependant pas très difficile de faire voir combien il est mauvais de ne vouloir y apporter aucun tempérament. et peut-être suffirait-il pour cela de se demander, consciencieusement, quels seraient les résultats qu'obtiendrait, tant au point de vue économique et social qu'au point de vue politique, un pays qui imposerait à ses enfants l'obligation de passer, une fois arrivés à l'âge d'homme, trois ou cinq années dans un monastère soumis aux règles de l'ordre des trappistes !

Il est plus que probable que la discipline imposée aux citoyens de cette manière aurait sur leur esprit, sur leurs habitudes, sur leurs aptitudes, un retentissement considérable et prolongé, dont toute la société ne tarderait pas à recevoir l'empreinte. C'est précisément et bien malheureusement ce qui se produit, dans un sens différent, voilà tout, avec le militarisme que nous subissons, et il ne faudrait peut-être pas que nous y soyons soumis pendant encore deux générations pour que l'avénement pratique de certaines théories sur la société se trouve fatalement préparé.

Cette question pourrait faire l'objet de nombre de remarques, d'ailleurs journellement faites par ceux qui veulent bien se donner la peine d'observer ce qui se passe dans l'esprit et la manière d'être des jeunes gens qu'enlève le service militaire. C'est se faire trop d'illusions que de vouloir se persuader que le séjour à la caserne n'est pas, le plus souvent, désastreux à l'égard des habitudes de travail, par exemple.

Ce n'est pas sans peine que l'homme se plie au travail, et qu'il acquiert les aptitudes que demande la profession qu'il veut exercer, et rien qu'une interruption aussi longue que celle causée par le service militaire motiverait de justes plaintes ; mais cette interruption n'est pas tout ce qu'il y a de plus grave peut-être, et, sur la plupart des esprits que ne pousse pas une ambition particulière, il est communément facile de constater une dépression morale, une disparition lamentable de toute énergie.

Le fait d'avoir subi une longue discipline, qui éteint l'inquiétude particulière du lendemain, et qui vous demande, essentiellement, un renoncement formel à l'exercice de la volonté, ce fait-là n'est pas pour développer l'activité que réclament les diverses industries.

Lorsque, pendant plusieurs années, on ne vous a demandé autre chose que d'agir au commandement, et d'observer la plus grande passivité mentale qu'il vous soit possible d'atteindre, vous êtes devenu impropre aux travaux professionnels, non pas tant par l'habileté perdue que par l'engourdissement mental dans lequel vous avez été longuement tenu, dont vous avez contracté le besoin, et qui se manifeste par une évidente disposition insouciante et paresseuse.

Pour en douter, il faut n'avoir connu et observé ces effets ni dans le commerce, ni dans l'industrie, ni dans l'agriculture ; mais dans les bureaux, comme dans les ateliers et chantiers, comme aux champs également, rien n'est facile autant que de s'en rendre compte, non pas que la chose doive être prise absolument, et comme si la caserne agissait de cette manière sur tout le monde, mais en tenant compte de la valeur propre du sujet observé, du milieu qu'il fréquente et des vues qu'il poursuit.

Il convient aussi de ne pas méconnaître qu'en brisant les projets d'un jeune homme, le service militaire est la raison même de son découragement, de sa lassitude, quand ce jeune homme en partant a rendu inutiles les appuis et les secours qui lui étaient réservés. Trop souvent, en effet, il faut constater au retour des changements et des déplacements dont on n'a pu tirer parti : les bons emplois vous ont été disputés, et l'occasion perdue, c'est souvent la carrière manquée.

Quelles vues d'avenir est-il permis de caresser dans ces conditions ! Quels espoirs peut-on nourrir ? Quels projets peut-on former ! Et au point de vue du futur foyer, que de choses n'y aurait-il pas à dire ? Non-seulement le service militaire est nuisible au travailleur de toute condition dans le temps même où il le subit, mais il l'est encore avant la levée des recrues, il pèse sur les années d'apprentissage ; il est un motif de nonchalance et de relâchement, parce qu'il n'est pas donné à celui qui veut travailler d'en recevoir, ou même d'en ambitionner la récompense.

C'est en vain qu'il pourrait avoir une grande disponibilité d'esprit ; c'est en vain qu'il pourrait tourner vers la préparation active et incessante de sa destinée les sympathies qui l'entourent, la force qu'il possède, les occasions qu'il rencontre.

En réalité, et quelque bonne que soit à certains égards la culture des vertus militaires, il est certain que pour ceux à qui elle n'offre pas une carrière, la vie militaire est la cause de bien des déboires.

Il est certain également que le service militaire, atteignant, maintenant, tout le monde dans une mesure quelconque, et menaçant d'affecter encore une rigueur plus grande, aucune industrie, aucun établissement agricole, industriel ou commercial ne pourra échapper aux conséquences qu'il entraîne.

Nous nous devrons résigner ainsi à un état de chose peu fait pour donner satisfaction aux intérêts les plus élevés et les plus chers du pays, car nous aurons intronisé un système très puissant de désorganisation économique et sociale, dont l'influence perturbatrice retentira de la manière la plus triste dans l'avenir, si l'on n'a soin de réagir fortement contre le refoulement des classes qui le caractérise.

C'est un sujet qui, partant de l'abandon des campagnes et s'élevant jusqu'à l'encombrement des carrières libérales, pourrait passer en revue les motifs les plus marquants du malaise général que l'on observe, et de l'instabilité des esprits, comme aussi du découragement auquel on s'abandonne, et des plaintes que l'on formule.

Une action aussi intense, aussi profonde, aussi générale et aussi persistante que celle du service militaire ne peut manquer, à la longue, de transformer lamentablement, ou, tout au moins, de troubler très profondément une société dont les besoins demandent, pour être bien compris et satisfaits, non pas la docilité, l'automatisme et le passivisme du soldat, mais bien la libre activité, l'initiative raisonnée, la concurrence intrépide, le génie créateur enfin du producteur.

C'est un bien grand malheur pour notre époque que de confondre ainsi les plus saines notions d'organisation sociale avec des principes plus ou moins chimériques, dont l'application entraîne précisément la désorganisation de notre société.

Rien n'est mauvais, à ce point de vue, comme d'imposer à tous, à titre de devoir sacré, et sur un plan très méthodique, l'exercice d'une profession qui, ne produisant directement aucune richesse, se trouve par conséquent dégagée des nécessités naturelles auxquelles sont soumises les autres professions, et qui, par cela même, offre le terrain le plus commode pour le groupement arbitraire des hommes, fournissant ainsi auprès de certaines populations, dites avancées, un spécieux et frappant argument en faveur d'une reconstruction sociale chimériquement meilleure.

C'est ainsi que notre organisme économique est rendu responsable des fautes de notre politique.

N'est-il pas triste de songer que, comme le fait voir le tableau plus haut présenté, 280.000 agriculteurs français sont tenus, pendant plusieurs années, éloignés des travaux des champs, travaux qui les réclament cependant, et qu'au lieu de figurer parmi nos utiles et modestes producteurs agricoles, ils doivent pendant un aussi long temps se consumer d'ennui et se livrer à d'inutiles travaux. N'en est-il pas de même d'ailleurs pour les 1.600 mille agriculteurs européens ainsi retenus loin de leur profession.

Quelle perte n'est-ce pas là pour l'agriculture européenne, non-seulement dans le présent, mais aussi dans l'avenir, par suite de l'effet lamentable d'une longue absence pour ces carrières éminemment stables, où les occasions se renouvellent peu de tenter la fortune ! Qui ne sait l'importance du premier capital, et qui peut dire où vont, pendant les années passés au régiment, les petites économies lentement amassées pour et par le jeune homme avant son départ pour l'armée ! Qui n'a pas de nombreux exemples sous les yeux de ces inconvénients variés du service militaire et des désastres qu'il cause ?

Il en est de même pour les ouvriers de toute

catégorie, et quand on songe que ces jeunes hommes perdent ainsi le meilleur temps de leur existence et qu'il faut coûteusement les entretenir, alors qu'ils pourraient et devraient produire au-delà de leurs besoins, venir en aide aux leurs, s'établir et se créer un foyer, on est fondé à déplorer que le malheur des temps nous impose et leur impose d'aussi tristes obligations.

Si l'on prend pour exemple le campagnard, soit qu'il s'agisse de la classe si nombreuse et si particulièrement intéressante des petits propriétaires, soit qu'il s'agisse d'un simple journalier, il est malheureusement trop facile de relever ces inconvénients d'une absence prolongée au début de la carrière.

D'abord, il est évident que le jeune homme ne peut nullement s'engager dans une entreprise quelconque avant d'avoir satisfait à la loi militaire ; aucune exploitation agricole ne peut lui revenir, car aucune exploitation agricole sérieuse ne peut se faire si l'on n'a pas devant soi un long temps de sécurité, permettant de recueillir les fruits du labeur que l'on se sera imposé. Dans ces conditions, on ne déploie que l'activité d'un mercenaire, sachant que les services rendus ne peuvent être rémunérés qu'avec plus ou moins de justice, dans le temps qui précède le départ pour l'armée, soit que l'on prenne part comme fils de la maison ou comme salarié aux travaux d'une exploitation agricole.

Le maigre salaire que l'on reçoit ne permet pas de réaliser de bien grandes économies, et encore celles que l'on peut faire n'ont guère pour destination que de servir au jeune homme devenu militaire à satisfaire les besoins plus ou moins réels qu'il éprouvera au régiment.

Le temps passé sous les drapeaux est bien le plus accablant fardeau que l'on puisse imposer au citoyen; lorsque celui-ci, comme c'est souvent le cas, utiliserait ce temps aux champs en s'établissant et en préparant sa destinée.

Ces quelques années, si elles lui étaient laissées, auraient pour son avenir la plus heureuse influence, car elles lui permettraient de pouvoir, vers la vingt-cinquième année de son âge, fonder un nouveau foyer de famille, avec la plus grande sécurité et la plus grande confiance, parce qu'à ce moment ses entreprises commenceraient à le rémunérer régulièrement, parce que ses établissements se seraient déjà identifiés en lui, parce que ses liaisons ne souffrant pas d'une longue absence ne seraient pas traversées par la foule d'ennuis et de mesquineries qui les brisent à présent, et dont il suffit d'évoquer la pensée.

Que de déceptions, que de désillusions attendent généralement le campagnard à son retour du service militaire ; que de fois un véritable désespoir est son lot le plus clair ! Et puis, quel n'est pas le retard éprouvé par lui sous tous les rapports ! Est-il un désastre comparable qui puisse lui être infligé ? C'est douteux, car, souvent, toutes ses espérances, tous ses appuis ont croulé pendant son absence, et son éducation ne lui offre pas les moyens de chercher une voie nouvelle, quand les projets d'abord formés doivent être abandonnés.

On ne connait que peu, parce qu'elle ne s'exprime pas, ou parce qu'elle s'exprime gauchement, l'immense douleur de ces pauvres gars, lorsqu'ils se voient contraints de subir ce qui, pour beaucoup d'entre eux, équivaut, au point de vue moral, à un véritable suicide. Cette douleur est d'ailleurs parfaitement justifiée, car la personnalité du cultivateur, arraché pareillement pendant plusieurs années à ses travaux, subit des atteintes décisives, dont sa vie entière doit ensuite porter la peine.

Les inconvénients du service militaire ne sont pas moindres pour les producteurs industriels, patrons et ouvriers, et ce que nous avons dit de l'impossibilité de fonder des établissements avant le départ pour l'armée se répéterait ici avec raison.

Un des plus graves effets du service militaire sur l'activité industrielle, c'est peut-être de prolonger et d'aggraver cette période confuse de tâtonnements, d'essais infructueux, d'insouciant laisser-aller, de désordres, d'application irrégulière, de dégoûts, d'oisiveté répétée, qui caractérise malheureusement trop souvent l'apprentissage de beaucoup de futurs ouvriers.

L'incertitude où l'on est, quant aux suites que le service militaire pourra laisser dans l'existence, autorise, soit comme prétexte, soit comme motif réel, cette insouciance et cet abandon, qui affectent considérablement la puissance industrielle d'une population, et qui dégradent singulièrement l'ouvrier qui s'y abandonne en contractant par là même des habitudes funestes, auxquelles il devra un jour son malheur et celui des siens.

Quant au service militaire, il affecte beaucoup, dans la plupart des cas, l'aptitude acquise, qualifiée de tour de main, si importante dans certaines professions ; mais surtout il est fâcheux en ce qu'il désorganise le personnel ouvrier, et qu'il interrompt le classement naturel des capacités.

Rien n'est désolant pour un bon ouvrier, en train de gagner, par son travail, son intelligence et son application, les bonnes grâces de son patron, et de s'assurer ainsi un emploi définitif et de bons salaires, comme de devoir laisser de côté ses outils et s'éloigner, soit de l'atelier, soit des chantiers, où sa place s'identifiait de plus en plus avec lui, sans pouvoir, en rien, tirer profit plus tard de la situation qu'il s'était acquise par son mérite et son assiduité.

L'emploi militaire de ces quelques premières années, qui suivent l'achèvement complet de l'apprentissage, est donc tout à fait regrettable au point de vue industriel, puisqu'il annule en grande partie les résultats de cet apprentissage ; mais, au point de vue de la famille, cette interruption de la carrière ouvrière est souvent, bien souvent, tout à fait déplorable, car elle a pour conséquence de mettre l'ouvrier, à son retour du service militaire, aux prises avec des besoins très urgents et très nombreux, sans aucune des ressources qui lui seraient nécessaires pour organiser sa vie d'une manière normale.

Il est bien évident qu'en se mariant au retour du service militaire, l'ouvrier, sans ressources et sans avances, commettrait une insigne folie, et cependant. sous peine de traîner misérablement une vie de nomade, sans dignité, cette folie s'impose à lui ; aussi arrive-t-il trop souvent que, marié ou non marié, l'ouvrier se sent condamné à ne pouvoir sortir des embarras au milieu desquels il se débat, et que, de guerre lasse, il se laisse déchoir de plus en plus, jusqu'à offrir le spectacle du plus honteux abaissement de la personnalité humaine.

L'ouvrier s'habitue alors à vivre au jour la journée ; son insouciance, son imprévoyance et sa mauvaise humeur se caractérisent et s'accusent, au point qu'il n'y a bientôt guère de fonds à faire sur son assiduité et sur sa bonne volonté. Le travail devient irrégulier et mauvais ; aussi n'est-ce pas un des moindres ennuis des employeurs, que d'être dans l'obligation de surveiller férocement l'emploi fait du temps par l'ouvrier engagé, chaque fois que la surveillance vient à se relâcher, ou qu'un moyen s'offre de la tromper, le mauvais ouvrier ne manquant pas de commettre d'intolérables abus.

C'est en ce sens que l'on peut dire que, dans une infinité de cas, la classe salariée, ouvriers et employés, a fait voir qu'elle n'a pu s'élever encore à la dignité de l'homme moral, conscient, bien conscient de ses devoirs, pourtant bien définis quand il s'agit du travail, puisqu'alors ils résultent d'engagements volontairement pris. Il est bien évident que l'ouvrier ou l'employé qui, sans scrupule, trompe son patron sur la quantité ou la qualité du travail qu'il doit fournir, ne saurait jamais admettre, sans une effroyable et pathétique indignation, que le patron, par un abus quelconque, pût lui dérober la moindre partie du salaire convenu ; et cependant il paraît bien que la fraude doit être également blâmée, de quelque côté qu'elle puisse être commise.

Si l'on examine l'effet que produit sur une carrière commerciale l'obligation du service militaire, on ne peut manquer de relever des inconvénients non moins importants que ceux que nous avons rencontrés dans les deux autres grandes sections économiques.

S'il s'agit d'un patron, il est facile de se rendre compte du tort considérable qui lui est fait, à une époque où la concurrence la plus active s'ingénie à modifier avantageusement les conditions du trafic, quand il lui faut, si peu que ce soit, se détourner de son but de commerce. La technique commerciale pour être moins haut cotée peut-être que la technique industrielle, n'en est pas moins extrêmement ardue et difficile, et exige, pour que l'on s'en rende suffisamment maître, une application des plus constantes.

S'il s'agit de l'employé, il faut convenir que l'interruption du travail que lui impose le service militaire lui est des plus dommageables. En effet, chaque carrière commerciale se spécialise nécessairement d'une manière toute particulière, surtout dans le grand commerce, et la plus brillante perspective peut quelquefois être détruite sans retour, par suite de l'absence prolongée que cause le service militaire, ou même par suite d'une absence de quelques mois. Cela est facile à entendre quand on sait qu'un employé, qui, dans une maison arrive à gagner des appointements dont de très hauts fonctionnaires seraient satisfaits, ne mériterait pas dans une autre maison, de recevoir un salaire qu'un ouvrier trouverait souvent insuffisant.

Au fait des procédés, des exigences et des ressources d'une maison, grâce à un opiniâtre travail, par exemple, un employé peut représenter pour cette maison une force considérable et une importante économie ; son salaire, dans ce cas, par l'efficacité du travail accompli, n'est que le juste loyer des services rendus, quelque considérable qu'en paraisse le chiffre ; mais si, pour une cause quelconque, l'employé en question est enlevé à cet emploi, dont il s'est si avantageusement fait une spécialité, il est évident qu'il perd du même coup le bénéfice des connaissances et des aptitudes particulières qu'il avait su acquérir.

C'est précisément ce qui se passe à des degrés divers, chaque fois que le service militaire arrache un bon employé à une maison qui prospère. La maison souffre d'abord plus ou moins longtemps de son départ ; mais elle forme un autre auxiliaire, ou prend d'autres arrangements, et le premier employé, à son retour, à de très rares exceptions près, ne saurait compter retrouver sa situation antérieure. De plus, ses aptitudes spéciales, faute d'exercice, ne manquent guère de s'affaiblir, outre que les années passées en dehors de la carrière servent mal ses projets d'avenir.

Sans vouloir répéter ce qui a été dit de la déchéance trop fréquente de l'ouvrier, il est bon de ne pas oublier que le cas se produit, presque identiquement dans les mêmes conditions, pour l'employé ; de sorte que l'un et l'autre ont, en définitive, assez peu de prise sur leur propre destinée.

On peut d'ailleurs imaginer sans peine quel malheureux effet ne manque pas d'avoir le service militaire sur les connaissances acquises, ou à acquérir, par l'employé, car, pour cela il suffit de se dire que l'étude des langues vivantes, qui lui est aujourd'hui si utile, ne peut être poussée à fond par lui ; et c'est ainsi que nous voyons quantité de maisons françaises, qui ne peuvent lutter avec les maisons étrangères, lesquelles ont généralement des relations beaucoup plus étendues, et tiennent, par cela même encore, le haut du pavé sur les propres marchés français. Que des étrangers aient en Chine, aux Indes, en Egypte, dans les pays attardés ou nouveaux, la haute main sur les affaires, cela est naturel, fatal même ; mais que le même fait ait lieu en France, cela mérite bien, selon nous, d'être au moins taxé de faiblesse regrettable ; et, pour y remédier, faut-il que l'initiative des chefs soit bien secondée par les efforts d'un personnel apte à développer les relations des maisons françaises avec le dehors, chose que ne permet guère la rigueur du service militaire pour les employés français.

Les exigences du service militaire font vraiment obstacle au développement de l'activité commerciale; cela est surtout vrai en ce qui concerne les entreprises à faire dans les pays où il faut se créer des relations en s'assurant soit des débouchés nouveaux, soit de nouvelles sources d'approvisionnement.

Il est, en effet, tout d'abord indispensable de bien connaître les régions où l'on veut travailler, de se rendre un compte exact des avantages et des désavantages des relations nouvelles, de pénétrer bien les habitudes et les exigences de la nouvelle clientèle, et pour cela il faut se livrer à des études très complètes, sur les conditions dans lesquelles on se trouverait placé, pour la mise en valeur des richesses naturelles ou acquises du pays avec lequel on aurait pour but d'entrer en relations.

Il faut pour cela, quelquefois, consacrer plusieurs années à l'étude de tout ce qu'il est utile de connaître pour une entreprise dans ces régions ; il faut pouvoir, par d'heureuses combinaisons de crédit, de relations et de troc, s'assurer de sérieuses chances de succès ; or, ce n'est pas à un autre moment de la vie que celui où l'on est libre, et où l'on est plein d'ardeur et d'initiative, que de telles entreprises peuvent être formées.

Le temps passé sous les drapeaux ne peut se compenser ; c'est une perte irréparable, car le caractère se modifie au service, les idées changent, et l'on ne se verrait pas, ensuite, sans une sorte d'effroi, condamné à fuir la vie toute faite, toute préparée qui vous est réservée.

Avoir à consacrer encore quelques années à des études difficiles, à des enquêtes personnelles, dans des conditions fatigantes et même périlleuses, cela sourit très peu quand une fois on a perdu le feu sacré nécessaire à de telles entreprises !

C'est ainsi que se trouvent stérilisées de nombreuses et importantes forces morales, dont le service militaire a rompu le ressort, au grand dommage de l'avancement du pays.

On ne peut pas se dissimuler qu'il y a certaines carrières et certaines natures intellectuelles, qui font plus particulièrement apercevoir l'incompatibilité qui existe entre les exigences militaires et les besoins réels de notre époque.

Ceci n'est pas vrai seulement pour les grandes entreprises commerciales ou industrielles, dans des pays insuffisamment exploités par l'industrie et par le commerce, et qui demandent des hommes jeunes, entreprenants, capables et instruits à la fois ; cela est vrai encore pour toutes les carrières, où il faut se soumettre à de délicates, patientes et opiniâtres études, et pour lesquelles c'est demander un sacrifice, qui a quelque chose d'excessif, que d'imposer, en temps de paix, des obligations militaires à ceux qui les veulent parcourir.

C'est ainsi un grand avantage qu'ont les Etats-Unis sur l'Europe de pouvoir ne pas détourner de leurs utiles et délicates destinées les futurs médecins, jurisconsultes, pasteurs, savants, administrateurs, négociants, ingénieurs, industriels, etc., et de laisser en temps de paix à la carrière militaire le même caractère qu'ont les autres carrières, celui d'une profession à laquelle peuvent se vouer entièrement quelques-uns, mais qu'il est monstrueux d'imposer à tous.

C'est donc une perte énorme que représente pour un pays l'interruption apportée par le service militaire aux études de tout ordre accomplies par l'élite intellectuelle de la population.

Cette perte s'aggrave encore par les exercices militaires périodiques. Quand on sait combien délicate est la position d'un industriel ou d'un négociant en nombre de cas, et combien il lui est difficile à cet industriel, ou à ce négociant, de laisser ses affaires entre des mains mercenaires, ne serait-ce que pour un jour, on peut comprendre avec quelle angoisse il a lieu de considérer l'approche de telles obligations militaires qui, pendant une période d'un mois, par exemple, l'éloignent de ses occupations, peut-être au meilleur moment des affaires de l'année, peut-être à une époque décisive pour le sort de sa maison !

Certainement tous les intérêts sont respectables, mais il ne s'agit pas là des intérêts individuels, il s'agit des intérêts mêmes du pays que met en péril tout ce qui fait tort au développement normal, régulier, du commerce et de l'industrie, et tout ce qui nuit à l'essor intellectuel et moral de la nation.

On voit donc que rien n'est plus propre que le service militaire à faire obstacle à l'esprit d'entreprise, aux voyages d'études et d'affaires, et à la création d'établissements lointains, parce qu'il n'y a aucune œuvre d'ordre agricole, industriel, commercial, scientifique ou artistique qui n'ait à en souffrir, aujourd'hui que tout le monde y est soumis.

IX

COMPARAISON DES CHARGES MILITAIRES ET DU REVENU DES NATIONS.

Après avoir reconnu les graves inconvénients qu'ont pour l'Européen ces obligations mili taires qui, au début et au cours de sa carrière, l'arrachent à ses occupations et lui font perdre un temps précieux, au grand dommage des intérêts généraux des populations ; après avoir constaté que ces obligations militaires, qui pèsent déjà sur l'apprentissage et sur les études théoriques, par l'appréhension qu'en ont ceux qu'elles menacent, ne permettent pas, dans la plupart des cas, de réaliser les généreux projets formés dans la jeunesse, et de courir au loin former des établissements destinés à étendre et à développer l'influence et la richesse du pays ; après avoir ainsi examiné, dans ses effets, le lourd impôt du sang qui frappe et annihile tant d'avenirs et tant d'espoirs, nous allons rechercher l'effet qu'a directement sur les choses, sur le travail, au moyen de l'impôt, l'accablant fardeau du militarisme.

La question prend ici une forme très nette et chiffre la pesée qu'elle exerce sur l'économie générale des populations.

Nous avons, en effet, maintenant, à retracer, dans les pays d'Europe et dans les pays d'Outre-Mer, les chiffres afférents aux dépenses militaires, à en établir la proportion par rapport au chiffre de la population et à celui de la richesse générale, à mettre enfin ces données en regard des prix de consommation, de façon à faire ressortir ce que prélève, sur la production et sur la consommation, la part de l'impôt afférente à ce genre de dépenses.

En adoptant, comme nous l'allons faire, les chiffres bien connus de M. Michael G. Mulhall, nous nous trouvons immédiatement avoir fait un pas en avant, et nous devons d'autant plus nous assurer les avantages de ce moyen, sous le rapport de la promptitude et de la commodité d'acquisition des données qui nous sont nécessaires, que l'exactitude de ces chiffres, ainsi que le rappelle M. Mulhall, a été généralement reconnue par les personnes qui font autorité dans ces matières.

Du reste, il n'est heureusement pas nécessaire, dans un travail dont la valeur est surtout morale, d'arriver à une exactitude absolue dans les chiffres discutés ; c'est assez pour nos besoins d'exposition que les chiffres présentés soient suffisamment complets.

Nous nous trouvons par là dispensé d'une longue et fatigante démonstration, et même bien que les données en question reposent sur la situation de 1885, et que nous y puissions faire quelques additions, nous croyons devoir les respecter entièrement, attendu qu'ils suffisent parfaitement aux besoins de notre discussion.

C'est pour cela que nous allons nous tenir autant que possible aux évaluations de M. Mulhall, en adoptant la conversion qu'en a faite M. Ramon Fernandez dans son consciencieux ouvrage “ La France Actuelle ”, publié en 1888.

Toutefois, il importe de faire toutes les réserves commandées par l'intrication du problème, attendu que, quelque intéressants que puissent être les rapprochements de chiffres, il ne faut pas perdre de vue que le régime politique, économique et social de chaque nation est fort différent, et que, dès lors, la proportionnalité des revenus et des charges ne peut jamais être obtenue que d'une manière purement conventionnelle, vraie dans un sens général et comparatif, mais très peu fondée si l'on songe qu'une foule de causes, plus ou moins accessibles, altèrent constamment et partout une équitable distribution des impôts.

Tableau composé avec les données relevées par M. Ramon Fernandez dans « La France actuelle »

Nations	Population	Dépenses militaires		Coefficients par habitant	
		Guerre F.	Marine F.	Guerre	Marine
Royaume-Uni	35.600,000	452.675,000	316.513.125	11,50	8,55
France	38.300,000	661.438.000	195.220,000	17.60	5.20
Allemagne	50,000.000	479.850,000	58.500.000	10,25	1,25
Russie	105,754,000	824,756,000	157.620.000	10,67	2.12
Aut.-Hongrie	38,604.000	300,000.000	27.985,000	7.90	0.74
Italie	28,459.000	2 7.291,000	85,331,660	8,65	2.87
Espagne	17.500.000	157.834.000	42.500,510	9,17	2,41
Belgique	5.800,000	45,617,000		7,80	
Hollande	4.278,000	42,892.407	26,569.527	10.70	6.62
Suède et Norwège	6,645.000	36.493,060	10,913.756	10.93	3.22
Danemarck	2.052,000	14.140.000	8.955.000	6.73	4.26
Portugal	4.500,000	27,777.898	10,000,000	5,91	2,12
Suisse	2,900.000	17.165.329		6.13	
Grèce	2,000,000	19.481.957	3.515,928	9.84	1.77
Europe	337.288.000				
Etats-Unis	52,000.000	213.350.000	80.105.000	4.26	1.60
Canada	4.500,000				
Mexique	10.000.000	55.385.180	4.413.390	5.27	0.42
Australie	2.137,000				
République-Argentine	2.952.000	31,692,000	13.765.000	11,75	4.65
Totaux	403.877,000				

Ce tableau nous fournit déjà la proportion des dépenses militaires par rapport au chiffre de la population. Le tableau suivant, également composé avec les chiffres transcrits par M. Ramon Fernandez dans *La France actuelle*, va nous en donner la proportion par rapport à la richesse générale, ou, du moins, il va nous en faciliter la recherche.

	Capital national		Revenu national		Dette publique dépenses annuelles en francs		Net revenu National par habitant
	Totaux en millions de fr.	Part par habitant en fr.	Totaux en millions de fr.	Part par habitant en fr.	Totaux	Par habitant	
	—	—	—	—	—	—	—
Roy. Uni.....	218.000	6.140	31.775	838	586.116.950	15.80	822.20
France.........	201.500	5.483	24.125	630	1.267.427.314	33.70	596.30
Allemagne..	158.075	3.161	21.250	423	550.009.586	11.76	411.24
Russie...........	108.575	1.026	19.000	179	1.038.580.000	13.31	165.69
Autriche-Hongrie...........	90.325	2.345	15.050	389	607.159.647	16.10	372.90
Italie....	58.775	2.065	7.300	257	691.692.111	22.37	234.63
Espagne	39 825	2.275	4.700	206	274.399.325	15.59	190,41
Belgique......	20.150	3.474	3.000	517	103.662.259	17,70	499.30
Hollande......	24.675	5.772	2.600	607	72.217.501	18.—	589.—
Suède et Norwège...........	21.425	3.675	2.600	391	22.159.670	3.67	387.33
Danemarck.	9.150	4.416	1,175	572	13.509.877	6.42	565.58
Portugal	9.275	2.061	1.125	250	82.224.878	17.50	232.50
Suisse...........	8.100	3.103	1.100	379	1.867.864	0.67	378.33
Grèce.............	5.275	2.637	575	287	33.062.298	16.68	270.22
Europe.........	976.125		134.775				
Etats-Unis ..	237.375	4.565	35.500	644	550.700.000	11.—	633.—
Canada	16.250	3.611	2.950	655			
Mexique	15.950	1.595	2.600	260	21.150.000	2,01	257.99
Australie	14 750	6.756	3.950	1.851			
République-Argentine	8.300	2.081	1.525	519	65.761.195	22.67	496.33

En comparant les résultats donnés par ces deux tableaux, on se trouve avoir à établir comme ci-après la proportionnalité des dépenses militaires et du revenu national des divers pays par habitant :

	Revenu net par habitant	Dépenses militaires Guerre et Marine	Proportion pour cent
	fr.	fr.	fr.
Royaume-Uni	822.20	20.05	2.44
France	596.30	22.80	3.82
Allemagne	411.24	11.50	2.79
Russie	165.69	12.79	7.71
Autriche-Hongrie	372.90	8.64	2.31
Italie	234.63	11.52	4.13
Espagne	190.41	11.58	5.08
Belgique	499.30	7.80	1.56
Hollande	589.—	17.32	2.94
Suède et Norwège	387.33	7.07	1.82
Danemark	565.58	10.99	1.96
Portugal	232.50	8.03	3.45
Suisse	378.33	6.13	1.62
Grèce	270.22	10.61	3.81
Europe	—	—	—
Etats-Unis	633.—	5.86	0.92
Canada	—	—	—
Mexique	257.99	5.09	2.20
Australie	—	—	—
Rép. Argentine	496.33	16.40	3.50

Bien que numériquement exact d'après les données comparées, ce rapport des dépenses militaires et du revenu national des dits pays ne peut nous fournir qu'une imparfaite et lointaine idée de l'effort réellement accompli par chacun d'eux pour faire face à ses dépenses militaires ; ce serait en effet, trop tôt et bien mal conclure, selon nous, de cette comparaison, si l'on admettait que la production est frappée dans la proportion qu'indique ce dernier tableau.

D'après le résultat que nous venons d'obtenir, nous aurions à classer les pays européens dans l'ordre suivant, si nous nous en tenions à la comparaison que nous avons faite pour les dépenses militaires :

Belgique	1.56 0/0	du revenu	national	
Suisse	1.62	»	»	»
Suède et Norwège	1.82	»	»	»
Danemark	1.96	»	»	»
Autriche-Hongrie	2.31	»	»	»
Royaume-Uni	2.44	»	»	»
Allemagne	2.79	»	»	»
Hollande	2.94	»	»	»
Portugal	3.45	»	»	»
Grèce	3.81	»	»	»
France	3.82	»	»	»
Italie	4.13	»	»	»
Espagne	5.08	»	»	»
Russie	7.71	»	»	»

La fausseté d'un tel classement saute aux yeux, quand on voit qu'il attribue à la France, par exemple, un rang inférieur à celui de la Grèce, du Portugal, de l'Allemagne, etc., alors que les conditions d'existence des populations françaises sont bien supérieures aux conditions d'existence des populations grecque, portugaise, allemande, etc.

Il est clair, en effet, que sous le rapport de l'alimentation, du vêtement, et des divers besoins économiques, la population française ne le cède aucunement à ces populations pour les satisfactions domestiques, et que, par conséquent, ce classement ne donne pas une juste idée de l'effort accompli par les nations pour soutenir la pesée de leurs dépenses militaires.

Cette comparaison tout à fait superficielle ne nous peut procurer à la vérité qu'une illusion, car elle ne tient pas compte de l'élément le plus essentiel de la question, en négligeant l'importance relative du revenu de chaque nation. Deux pays pour lesquels le classement ci-dessus nous fournit la même proportionnalité entre le revenu national et les dépenses militaires, peuvent se trouver placés, en réalité, dans des conditions absolument différentes, selon que ces pays seront l'un et l'autre plus ou moins riches. Nous n'en pouvons donner un meilleur exemple que celui de la France et de la Grèce, et la comparaison que nous allons faire à ce sujet, nous dispensera d'insister plus longuement sur ce point, dont l'évidence est d'ailleurs manifeste.

Le rapport trouvé, ci-dessus, entre les dépenses militaires et le revenu national de la France est de 3,82 0/0 ; celui de la Grèce est à peu près le même, 3,81 0/0. Il y aurait donc égalité entre l'effort militaire de la France et l'effort militaire de la Grèce ; il n'en est rien cependant, parce que le revenu grec, étant de fr. 270,22 par habitant, ne représente que les 45 0/0 de celui de la France, qui est de fr. 596 30 par habitant, comme nous l'avons vu plus haut. On voit, dès lors, que 3,81 0/0 de revenu dépensés par la Grèce pour la guerre et la marine représentent, en réalité, un effort égal à celui que ferait la France si ses dépenses militaires atteignaient non pas les 3,82 0/0, mais bien les 8,46 0/0 de son revenu.

Encore n'est-ce pas tout, car ces comparaisons ne tiennent nul compte de ce que les revenus nationaux renferment de nécessaire et de superflu. Ainsi, il n'est pas niable que le revenu russe, qui se chiffre, ci-dessus, par fr. 165 69, et sur lequel la guerre et la marine prélèvent 7,71 0/0, supporte une charge que l'on ne saurait comparer à aucune autre, attendu que pour la France un revenu de fr. 165 69 représenterait tout uniment la plus affreuse et la plus noire misère, et que l'on ne saurait concevoir qu'il serait alors possible de prélever un impôt militaire quelconque sur un revenu auquel la France serait réduite si sa fortune subissait une dépréciation de près de 73 0/0. En ne nous en tenant qu'aux revenus bruts, les dépenses militaires russes représentent un effort égal à celui que ferait la France si ses dépenses militaires atteignaient les 27,75 0/0 de son revenu ; mais, comme nous venons de le voir, ces comparaisons, bien que saisissantes, ne marquent cependant pas entièrement la situation respectivement faite à chaque Etat.

Néanmoins, comme il nous est impossible de pénétrer plus avant dans le problème, ce que notre discours préliminaire a eu pour objet de faire ressortir, et comme nous ne pouvons numériquement apprécier le nécessaire et le superflu des populations, sans tomber dans un extravagant arbitraire — comme il arriverait, par exemple, si nous prenions le net revenu russe pour représenter le nécessaire moyen des peuples, alors que les conditions sociales, économiques et politiques en sont si différentes — nous nous bornerons, sous les réserves que nous avons déjà faites, à comparer les divers pays au moyen des chiffres que nous avons ci-dessus transcrits, en mettant à profit l'observation que nous avons pu faire sur l'effort réel des populations.

Pour cela il nous faut d'abord comparer ces divers pays, en prenant l'un d'eux pour terme de comparaison de chacun des autres.

Nous aurons de cette manière une mesure commune et commode des charges respectives des populations, et, prenant le plus fort revenu net pour base, nous allons comparer le revenu anglais à tous les autres.

Nations		Revenu net		Rapport respectif.		
Royaume-Uni	F.	822.20	ou	100.—0/0		
France	»	596.30	soit	72.52	0/0	du revenu anglais
Hollande	»	589.—	»	71.63	»	»
Danemarck	»	565.58	»	68.78	»	»
Belgique	»	499.30	»	60.72	»	»
Allemagne	»	411.24	»	50.01	»	»
Suède et Norwège	»	387.33	»	47.10	»	»
Suisse	»	378.33	»	46.01	»	»
Autriche-Hongrie	»	372.90	»	45.35	»	»

Nations		Revenu net		Rapport respectif.		
Grèce	»	270.22	»	32.860/0	du revenu anglais	
Italie	»	234.63	»	28.53	»	»
Portugal	»	232.50	»	28.27	»	»
Espagne	»	190.41	»	23.15	»	»
Russie	»	165.69	»	20.15	»	»

Ceci nous permet de nous rendre bien compte de la situation respective des divers pays et de comparer notamment leurs dépenses militaires actuelles avec celles qu'ils devraient supporter s'ils devaient proportionnellement ne pas se charger de plus lourdes dépenses que le Royaume-Uni à cet égard. C'est ce que montre bien le tableau ci-dessous, d'après le rapport respectif du revenu net par habitant, selon ce qui a été déterminé ci-dessus.

		Dépenses militaires auxquelles il faudrait se borner en se basant sur le régime britannique		Dépenses militaires actuellement faites	
Nations	Population	par habitant F.	au total F.	par habitant F.	au total F.
Roy.-Uni	35.500.000	20.05	769.188.125	20,05	769.188.125
France	38.300.000	14.51	556.832.000	22.80	859.658.000
Allemagne	50.000.000	10.02	501.000.000	11.50	538.350.000
Russie	105.751.000	4.04	406.844.160	12.79	982.376.000
Autriche-Hongrie	38.601.000	9.09	350.910.000	8.64	327.985.008
Italie	28.459.000	5.72	162.785.480	11.52	342.622.660
Espagne	17.500.000	4.64	75.200.000	11.58	200.334.510
Belgique	5.800.000	12.17	70.536.000	7.80	45.617.000
Suède et Norwège	6.645.000	9.44	62.728.800	7.07	47.406.816
Hollande	4.278.000	14.36	61.432.080	17.32	69.461.934
Danemarck	2.052.000	13.79	28.297.080	10.99	23.095.000
Suisse	2.900.000	9.22	26.738.000	6.13	17.165.329
Portugal	4.500.000	5.66	25.470.000	8.03	37.777.898
Grèce	2,000,000	6,58	13,160,000	10,61	22,997,885

Il ne faut pas attribuer à ces chiffres une valeur très rigoureuse ; mais tels qu'ils se présentent, ils en ont une qui est très suffisante pour les besoins de ce travail, attendu que nous ne pouvons songer à obtenir une exactitude parfaite dans de telles matières, et que, d'ailleurs, les erreurs que peut contenir ce tableau ne changeraient, vu leur peu d'importance relative, ni la signification, ni la relation des données que nous avons transcrites.

Si, maintenant, nous reprenons le rapport respectif, pour chaque pays, entre les charges militaires et le revenu net par habitant, nous voyons qu'au résultat de la comparaison des revenus et des charges militaires de chacun de ces pays il faut donner les coëfficients suivants :

Royaume-Uni	1.—
France	1.378
Hollande	1.396
Danemarck	1.453
Belgique	1.668
Allemagne	1.999
Suède et Norwège	2.122
Suisse	2.173
Autriche-Hongrie	2.204
Grèce	3.031
Italie	3.508
Portugal	3.536
Espagne	4.317
Russie	4.962

En nous faisant voir de combien il faudrait multiplier le revenu moyen des habitants des divers pays, pour les placer dans la même position que les habitants du Royaume-Uni, ces coëfficients nous donnent en même temps la mesure qu'il nous faut adopter pour opérer le redressement du classement que nous avons fait des divers peuples, d'après la proportion que nous avions reconnue d'abord entre les dépenses militaires et le revenu national de chacun d'eux.

En appliquant ces coëfficients à la comparaison des revenus nationaux et des dépenses militaires, on voit que leur rapport réel, établi sur une base commune que nous fournit le régime britannique, est le suivant :

Royaume-Uni	2.44 0/0		
Belgique	2.60 »	au lieu de	1.56 0/0
Danemarck	2.84 »	»	1.96 »
Suisse	3.52 »	»	1.62 »
Suède et Norwège	3.86 »	»	1.82 »
Hollande	4.10 »	»	2.94 »
Autriche-Hongrie	5.09 »	»	2.31 »
France	5.26 »	»	3.82 »
Allemagne	5.57 »	»	2.79 »
Grèce	11.54 »	»	3.81 »
Portugal	12.20 »	»	3.45 »
Italie	14.49 »	»	4.13 »
Espagne	21.93 »	»	5.08 »
Russie	37.25 »	»	7.71 »

Tout d'abord ces résultats paraissent très singuliers

et choquent même la raison, parce que l'on ne se rend pas facilement compte de ce que représente véritablement ce redressement, qui, dans quelques cas, a quelque chose de stupéfiant. Pour bien apprécier ces indications, il suffit cependant d'opposer l'une à l'autre les données extrêmes du tableau qui précède, et c'est ce que nous allons faire.

Nous avons vu que le revenu net, idéalement moyen de la Russie est de fr. 165,69 par habitant ; nous avons vu également que le revenu net, idéalement moyen de la Grande-Bretagne est de fr. 822,20 par habitant. Or, nous savons que les dépenses militaires de la Russie, sont par habitant de fr. 12,79 et par là nous voyons que la Grande-Bretagne sur le même pied dépenserait fr. 63,46, ce qui nous est donné comme suit :

$$\frac{165.69}{12.79} = \frac{822.20}{63.46}$$

Dans ces conditions, il devient aisé de montrer que la relation de l'effort militaire russe et de l'effort militaire anglais est bien à peu près celle que présente le tableau que nous avons relevé, puisqu'en prenant le régime britannique pour mesure commune, on voit que frapper de fr. 63,46 le revenu anglais serait le frapper des 38 0/0 du revenu russe.

Rien n'est frappant dans ce rapprochement comme la disparité de la richesse et des charges des différents peuples. C'est ce que nous allons apprécier plus nettement encore, en considérant la situation que feraient à leurs populations d'identiques besoins alimentaires et domestiques, en face de leurs revenus et de leurs impôts militaires respectifs.

Si nous faisions cette supposition que les 40 0/0 du revenu anglais représentent la moyenne des besoins des populations civilisées — supposition qui n'est faite qu'à titre d'exemple, attendu que nous ne saurions prétendre que les populations de pays si différents au point de vue climatérique et social, ont les mêmes besoins privés — cette supposition nous amènerait à représenter de la manière suivante, les conditions de concurrence faites aux divers pays européens.

Après prélèvement des impôts militaires, soit après prélèvement de fr. 20,05, le revenu anglais, d'abord de fr. 822,20, se trouve réduit à fr. 802,15 par habitant. Les 40 0/0 de ce dernier chiffre donnant la somme de fr. 320,86, il faudrait donc admettre que cette somme représente le minimum normal des revenus d'un pays civilisé, pour chacun de ses habitants. Dans ces conditions le tableau ci-après montrerait le résultat économique obtenu par l'Europe :

Nations	Revenu annuel par habitant après prélèvement des charges militaires	Epargne annuelle par habitant	Déficit annuel par habitant
—	Fr.	Fr.	Fr.
Royaume-Uni	802.15	481.29	—
France	573.50	252.64	—
Hollande	571.68	250.82	—
Danemarck	554.59	233.73	—

Nations	Revenu annuel par habitant après prélèvement des charges militaires	Epargne annuelle par habitant	Déficit annuel par habitant
—	—	—	—
	Fr.	Fr.	Fr.
Belgique	491.50	170.64	—
Allemagne	399.79	78.93	—
Suède et Norwège	380.26	59.40	—
Suisse	372.20	51.34	—
Autriche-Hongrie	364.26	43.40	—
Grèce	259.61	—	61.25
Portugal	224.47	—	96.39
Italie	223.11	—	97.75
Espagne	178.83	—	142.03
Russie	152.90	—	167.96

C'est supposer là néanmoins très gratuitement une identité de besoins entre les divers pays qui n'existe véritablement pas, car les peuples qui produisent beaucoup consomment beaucoup, tandis que ceux qui produisent peu consomment faiblement. En outre, nous ne saurions donner aux chiffres ainsi empruntés à M. Mulhall une valeur rigoureuse au-dessus de toute discussion, car il est tels pays, comme l'Espagne, par exemple, qui aujourd'hui mériteraient une place supérieure à celle qu'ils occupent dans le tableau ci-dessus. L'Espagne a été bien éprouvée et de plus d'une manière, mais son relèvement s'accuse chaque jour.

Quoi qu'il en soit, et toute gratuite et arbitraire que puisse avoir été la supposition que nous venons de faire d'une identité de besoins chez les divers peuples, ce procédé ne nous a pas moins fourni une démonstration très nette de l'énorme différence offerte par la situation faite à chacun des pays concurrents.

Le tableau que nous avons présenté a confirmé ainsi, en le justifiant d'une manière très saisissante, le redressement fait plus haut du rapport des charges militaires aux revenus des peuples, et il fait voir en un instant quelle avance considérable des pays comme la Grande-Bretagne et la France peuvent avoir sur les autres nations au point de vue économique.

C'est par de telles observations que l'on peut arriver à comprendre l'énorme force financière de ces deux grands pays. On se rend compte ainsi de la formation de ces immenses réserves, qui non-seulement leur permettent de posséder le meilleur outillage industriel, mais encore les mettent à même d'alimenter de capitaux les gouvernements et les industriels des pays nouveaux ou attardés, et de tirer du vasselage financier et économique de ces derniers des profits abondants et faciles.

Tel est ainsi le grand avantage des nations dont la civilisation est très avancée, sous le rapport économique, qu'elles peuvent supporter sans péril, et même sans fatigue sérieuse, des charges qui écraseraient et ruineraient complètement des pays moins avancés, et, partant, plus pauvres.

Sous le bénéfice de ces observations, nous pouvons maintenant reprendre les chiffres d'abord trouvés pour représenter le rapport des charges militaires aux revenus nationaux. Nous savons fort bien que les résultats qu'ils nous donnent ne permettent pas à vrai dire la comparaison que nous tentons de faire des pays concurrents, et qu'il faut encore se dire qu'une telle comparaison suppose idéalement une distribution parfaitement égale des revenus privés, ainsi qu'une parfaite incidence de l'impôt ; mais le danger de se fier à ces chiffres, d'une manière absolue, ayant été longuement exposé et analysé, se trouve par cela même amoindri et écarté.

Nous allons avoir à mettre ces données en regard des prix de consommation, pour nous conformer au vœu du programme que nous suivons ; mais nous avouons, sans ambages, qu'après tout ce que nous avons pu voir, dans ce travail et dans le discours préliminaire, touchant la complexité et l'intrication du problème à l'étude, nous ne pouvons donner une grande valeur aux résultats que nous allons pouvoir obtenir. En effet, n'y aurait-il à cette comparaison, que l'on nous demande, d'autre obstacle que celui qui nous est opposé par la diversité et l'écart considérables des prix de consommation dans un même pays, que cette comparaison serait tout à fait stérile, et ne nous apprendrait rien de plus que ce que nous savons déjà de la position respective des pays concurrents. Or, nous avons pu voir, rien que pour la France, quels écarts énormes de valeur une marchandise peut éprouver d'un département à l'autre.

En outre de la difficulté, pour ne pas dire de l'impossibilité, de recueillir, de classer et de grouper en une moyenne annuelle, les données obtenues pour chaque pays sur ses prix de consommation, il est clair encore que ce serait s'exposer à de singuliers mécomptes que de vouloir ainsi comparer des faits ultimes qui dépendent d'une foule de circonstances locales, accidentelles ou temporaires, dont nous pouvons à peine nous faire une idée.

Avant toutefois de tenter cette comparaison, nous devons rapprocher pour les pays nouveaux, comme nous l'avons fait pour les pays d'Europe, les revenus nationaux et les charges militaires.

En joignant les indications que nous donne M. Mulhall sur le Canada et l'Australie aux données que nous a fournies sur les Etats-Unis, le Mexique et la République Argentine, l'excellent ouvrage de M. Ramon Fernandez, nous pouvons comparer comme suit les revenus nationaux et les dépenses militaires par habitant pour chacun de ces pays nouveaux.

	Etats-Unis	Canada	Mexique	Australie	République Argentine
	—	—	—	—	—
Capital national en millions de francs	237.375	16.250	15.950	14.750	8.300
Part par habitant en francs	4.565	3.611	1.595	6.756	2.081
Revenu national en millions de francs	35.500	2.950	2.600	3.950	1.525
Part par habitant en francs..........	641	655	260	1.851	519
Dette publique, dépenses ann[lles] en francs..........	550.700.000	45.450.000	21.150.000	126.250.000	65.761.195
D° par habitant	11	10	2,01	59,08	22,67
Net revenu national par habitant	633	645	257,99	1.791,92	496,33
Dépenses milit[res] par habitant.....	5,86	1,12	5,09	2,30	16,40
Proportion p[r] cent	0.92 0/0	0.17 0/0	2.20 0/0	0.13 0/0	3.50 0/0

Si, comme nous l'avons fait pour les autres nations, nous voulons voir quelle situation est faite à ces pays par comparaison à la situation de la Grande-Bretagne, nous remarquerons que leurs revenus nationaux atteignant respectivement les 77 0/0, 78.46 0/0, 31.37 0/0, 217.91 0/0 et 60.36 0/0 du revenu britannique, il faut donner au rapport de leurs revenus et de leurs dépenses militaires les coëfficients :

1,298 pour les Etats-Unis.
1,274 » le Canada.
3,187 » le Mexique.
0,450 » l'Australie.
1,656 » la République Argentine.

Nous avons déjà vu que le rapport en question est de :

0.92 0/0 pour les Etats-Unis.
0.17 » » le Canada.
2.20 » » le Mexique.
0.13 » » l'Australie.
3.50 » » la République Argentine.

Or, en le redressant au moyen des coëfficients ci-dessus, ce rapport des charges militaires aux revenus nationaux devient de :

1.19 0/0 pour les Etats-Unis.
2.16 » » le Canada.
7.01 » » le Mexique.
0.05 » » l'Australie.
5.79 » » la République Argentine.

C'est-à-dire que, si la Grande-Bretagne devait s'imposer militairement dans la proportion que se sont imposés ces pays, le citoyen britannique aurait à payer 1.19 0/0 du revenu du citoyen américain, 2.16 0/0 du revenu du citoyen canadien, 7.01 0/0 du revenu du citoyen mexicain, 0.05 0/0 du citoyen australien, 5.79 0/0 du revenu du citoyen argentin.

Pour pousser jusqu'au bout les comparaisons que nous faisons entre les divers pays, nous pouvons maintenant voir pour ces pays nouveaux la position que leur attribuerait la supposition faite plus haut sur les besoins normaux des populations.

En admettant que les 40 0/0 du revenu britannique représentent la moyenne des besoins des populations civilisées, le tableau ci-après montrerait le résultat économique obtenu par les pays en question.

Nations	Revenu annuel par habitant après prélèvement des charges militaires	Epargne annuelle par habitant	Déficit annuel par habitant
—	—	—	—
	Fr.	Fr.	Fr.
Etats-Unis	627.14	306.28	—
Canada	643.88	323.02	—
Mexique	252.30	—	68.56
Australie	1.789.56	1.468.70	—
République Argentine	479.93	159.07	—

Toutefois, comme nous avons eu soin de le dire, cette supposition est purement gratuite, et ne figure dans ce travail que pour souligner les résultats que nous avons obtenus.

Quoi qu'il en soit, et sauf les restrictions que nous avons dû faire à l'égard de la réelle signification des comparaisons faites, nous pouvons tenir pour établi que la force économique des principaux pays civilisés du globe, ainsi que le rapport de leurs charges militaires à cette force économique, sont bien ce qu'a montré ce travail.

Nous ajouterons encore qu'à notre point de vue, on ne peut guère vraiment comparer la situation des pays européens qu'à la situation des Etats-Unis d'Amérique, parce que les autres pays nouveaux sont dans une telle dépendance financière vis-à-vis de l'Europe qu'ils n'ont pas encore, à proprement parler, une organisation économique particulière.

En dehors de la dette publique des pays nouveaux, les populations ont de telles obligations financières envers les capitalistes européens qu'à de rares exceptions près, le profit des industries privées suffit à peine à l'acquittement des dettes particulières, ce qui compense bien, et très largement, les inconvénients et les charges militaires qui obsèdent et appauvrissent les populations européennes.

Quant aux Etats-Unis, il est évident que si leur politique intérieure pouvait s'inspirer d'une juste et libérale conception de la fonction gouvernementale, leur activité économique, devenue libre, ne manquerait pas d'agir autant au dehors qu'au dedans, car leur industrie est outillée de manière à ne redouter rien de l'industrie européenne et à satisfaire facilement et largement les besoins de la population des Etats-Unis, tandis que l'agriculture américaine pourrait, sans peine, s'élever à une telle efficacité de travail qu'elle inonderait littéralement les marchés d'Europe de ses produits alimentaires et autres.

Pour nous résumer, nous devons reprendre les résultats que nous avons obtenus par la comparaison des charges militaires aux revenus nationaux, afin de chercher ensuite à apprécier sur les prix de consommation la pesée exercée par ces charges militaires.

D'après ce que nous avons pu relever dans les comparaisons faites plus haut, un produit, partout égal, de fr. 822 20, dans chaque pays, serait taxé, pour les besoins de la guerre, de :

F.	1.06	soit de	0.13	0/0	en Australie
»	1.39	»	0.17	»	au Canada
»	7.56	»	0.92	»	aux Etats-Unis
»	12.72	»	1.56	»	en Belgique.
»	13.31	»	1.62	»	en Suisse.
»	14.96	»	1.82	»	en Suède et en Norwège
»	16.11	»	1.96	»	en Danemarck
»	18.08	»	2.20	»	au Mexique
»	19.04	»	2.31	»	en Autriche
»	20.05	»	2.44	»	en Angleterre
»	22.82	»	2.79	»	en Allemagne
»	24.17	»	2.94	»	en Hollande
»	28.36	»	3.45	»	en Portugal.
»	28.67	»	3.50	»	dans la République Argentine
»	31.22	»	3.81	»	en Grèce
»	31.43	»	3.82	»	en France
»	40.37	»	4.13	»	en Italie
»	50.10	»	5.08	»	en Espagne
»	63.46	»	7.71	»	en Russie.

A ne considérer que ce tableau, la situation de beaucoup de pays apparaîtrait comme bien sombre ; mais quand on réfléchit à ceci que le produit britannique de fr. 822.20, qui nous a servi de base, est obtenu, dans les divers pays, avec des efforts qui ne sont nullement semblables, et qui offrent même des différences considérables, comme le démontre, pour ainsi dire, chaque page de ce travail, on ne tarde pas à revenir de l'impression de découragement que ces chiffres ne manquent pas de causer.

On se dit, en effet, et non sans raison, qu'un pays comme la France n'est pas distancé, ni près de l'être, au point de vue économique, même avec les charges militaires qui grèvent actuellement ses produits, alors qu'il garde la tenace passion du travail et de l'épargne, et qu'il possède ces immenses ressources naturelles et acquises, que lui valent, outre la richesse de son sol et la douceur de son climat, sa position géographique, son outillage économique, ses progrès de toute nature et l'incomparable mission sociale de sa population.

Nous avons là des compensations sans nombre que dépassent à peine, à certains égards, les avantages exceptionnels de la Grande-Bretagne. Et même, en ne nous arrêtant qu'à la seule considération des chiffres que nous avons obtenus, nous devons nous rappeler qu'aucun pays du continent d'Europe n'est en situation de lutter, au point de vue économique, avec le nôtre.

En effet, le revenu annuel par habitant, après

prélèvement des charges militaires, ressort, comme nous l'avons vu, à fr. 573 50 pour la France, chiffre que n'atteint aucun autre pays continental, tandis que, parmi les grands Etats dont l'influence politique se compare à celle de la France, nous voyons ce revenu tomber à F. 399 79 pour l'Allemagne ;

	»	364 26	»	l'Autriche-Hongrie ;
	»	223 11	»	l'Italie ;
	»	178 83	»	l'Espagne
et	»	152 90	»	la Russie.

La concurrence agricole de la Grande-Bretagne est nulle pour nous, et quant à la concurrence industrielle que nous peut faire ce pays, elle ne peut s'exercer que dans de certaines conditions et sur certains produits ; encore faut-il dire que cette concurrence ne perturbe guère notre marché national, et s'exerce plutôt dans les autres pays.

Nous n'avons de même rien à redouter de la concurrence industrielle des pays nouveaux, dont le tableau ci-dessus montre la supériorité économique par rapport à nous. Cette supériorité est d'ailleurs plus apparente que réelle, car ces pays sont loin, bien loin, dans la plupart des cas, d'avoir réalisé, pour l'ensemble de leurs populations, des progrès comparables à ceux qu'a nécessités pour nous l'acquisition de notre situation actuelle.

Quant à la concurrence agricole de ces pays neufs, elle pourrait s'exercer contre nous avec de sérieux avantages, si les questions de transports, de crédit, d'intermédiaires, de déchets de route, etc., etc., ne compensaient pas, pour beaucoup, l'infériorité apparente de nos résultats.

Aussi voit-on que, là où cette concurrence s'exerce, il n'est pas impossible d'en soutenir l'effort, et que les prix en sont bien moins altérés qu'on ne serait tenté de le croire *à priori*.

A l'égard des prix de consommation, et de la recherche que nous avons à faire touchant l'effet des charges militaires sur ces valeurs, une revue détaillée des divers pays, pour un grand nombre d'articles, ne nous apprendrait pas grand'chose : c'est ce qui ressort assez de ces observations.

Une telle enquête n'est nullement nécessaire, outre que nous ne saurions vraiment pas comment nous y prendre pour y procéder, ayant en vain consulté à ce sujet une masse considérable de documents.

Ce sont ces motifs qui nous ont fait douter de l'utilité qu'il peut y avoir à comparer des prix de vente, résultantes de facteurs aussi nombreux que variés et variables, pour y apercevoir et en détacher l'influence des charges militaires.

Néanmoins, nous allons voir, pour les pays qui tiennent évidemment la tête du mouvement économique, la part des charges militaires dans les prix de revient, *en supposant ces charges militaires proportionnellement réparties*.

Nous trouvons dans le *Dictionary of statistics*, de M. Mulhall, le tableau suivant qui représente, pour

1878, le coût de la nourriture dans les principaux pays d'Europe et aux Etats-Unis :

		Angleterre	France	Allemagne	Italie	N.-York	Chicago
		—	—	—	—	—	—
Bœuf .... ℔	d.	10	9.5	9	8	6	4
Pain .... »	»	2	1.6	2	3	2	2
Beurre .... »	»	17	13	11	14	14	12
Œufs .... doz.	»	11	9	10	9	14	9
Lait .... quart.	»	4	—	2	4	5	3
Sucre .... ℔	»	4	5	5	4	5	5
Café .... »	»	15	15	17	16	13	14
Riz .... »	»	3	—	4	3	5	5
Porc .... »	»	7	7	8	7	5	3
Pommes de terre... cwt	s.	6	4	4	8	11	6

La comparaison que fait ce tableau porte sur des prix d'une période un peu antérieure au temps pris pour base dans l'évaluation des charges militaires des divers pays ; mais, comme nous cherchons surtout la valeur morale de ces données, et comme l'altération de base dans le cas présent est la même pour tous les pays dont nous étudions les données, nous ne voyons aucun inconvénient réel à adopter les chiffres dudit tableau, pour arriver aux évaluations que nous avons en vue.

Au change de fr. 25 30 par livre sterling, nous traduirions comme suit le tableau en question :

	Angleterre	France	Allemagne	Italie	New-York	Chicago
	—	—	—	—	—	—
Bœuf .... F.	1,054	1.0013	0.9486	0.8432	0.6324	0.4216
Pain .... »	0.2108	0.1686	0.2108	0.3162	0.2108	0.2108
Beurre .... »	1.7918	1.3702	1.1594	1.4756	1.4756	1.2648
Œufs .... »	1.1594	0.9486	1.054	0.9486	1.4756	0.9486
Sucre .... »	0.4216	0.5270	0.5270	0.4216	0.5270	0.5270
Café .... »	1.581	1.581	1.7018	1.6864	1.37	1.4756
Porc .... »	0.7378	0.7378	0.8432	0.7378	0.5270	0.3162
Pommes de terre.. »	7.59	5.06	5.03	10.12	13.91	7,59

Il suffit de jeter un coup d'œil sur ces chiffres pour se convaincre de ce que la moyenne idéale des charges militaires, selon le pourcentage que nous avons reconnu pour chacun des pays figurant dans ce relevé, ne saurait rendre compte des différences de valeur que nous constatons dans cesdits pays, d'après les données ci-dessus.

Il serait fastidieux, d'ailleurs, de s'arrêter aux quelques centimes d'écart que peut faire pour chacun de ces produits, le pourcentage en question, attendu que cet écart serait à peine appréciable, là où les unités de mesure et de poids sont trop faibles, et qu'il ne donnerait qu'un résultat inutile pour un produit trop diversement influencé selon les pays.

En totalisant et en comparant les données ci-dessus pour chaque peuple, nous aurions à calculer comme suit la part des charges militaires :

	Angleterre	France	Allemagne	Italie	New-York	Chicago
	—	—	—	—	—	—
Pourcentage.	2,44 0/0	3,82 0/0	2,79 0/0	4,13 0/0	0,92 0/0	0,92 0/0
Totaux des huit articles ..F.	14,5464	11,3945	11,5948	16,5494	20,1284	12,7546
Charges militaires ......F.	0,3549	0,4352	0,3234	0,6834	0,1851	0,1173
Revient avant l'imposition militaire F.	14,1915	10,9593	11,2714	15,8660	19,9433	12,6373

D'après ces chiffres, il y aurait lieu de considérer la France, avant comme après l'imposition militaire, comme étant dans une situation économique favorable et tout à fait heureuse, puisque, dans les deux cas, elle aurait le premier rang :

PRIX DE REVIENT

	Premier cas (avant l'imposition militaire)		Second cas (après l'imposition militaire)	
France.....	F.	10.9593	F.	11.3945
Allemagne..	»	11.2714	»	11.5948
Chicago	»	12.0373	»	12.7546
Angleterre..	»	14.1915	»	14.5464
Italie.......	»	15.8600	»	16.5494
New-York..	»	19.9433	»	20.1284

Sous le rapport de la nourriture et d'après ces chiffres, notre avance sur les autres pays serait telle qu'aucune situation ne serait comparable à la nôtre, si l'ensemble des choses pouvait correspondre à ce dernier classement ; mais ce travail d'analyse, auquel nous nous sommes livré, nous a déjà, et fort utilement, mis en garde contre de tels résultats superficiels.

En effet, il n'y a aucune comparaison à faire entre les divers pays ainsi considérés, pour quelques produits obtenus dans des conditions différentes et dans des proportions variées, outre qu'ils sont l'objet d'une demande très diverse selon les lieux et les temps.

Nous avons dû chercher à sortir de cette impasse, et nous pourrions croire avoir trouvé la solution du problème en appliquant simplement au prix du blé, produit dont la consommation est aussi générale qu'indispensable, et qui forme la base de l'alimentation normale des peuples civilisés, le résultat de la comparaison des revenus nationaux et des charges militaires ; mais on verra là une telle contradiction avec la conclusion que nous faisaient prendre les chiffres plus haut transcrits, que l'on ne saurait faire autre chose que de répéter une fois de plus les expresses réserves que nous avons faites, touchant la formulation demandée des charges militaires sur les prix des divers articles.

Dans son *Dictionary of statistics*, M. Mulhall établit, par décades, le prix du blé dans les principaux pays, par bushel de 27 kil. 90. Voici les chiffres qu'il donne pour la décade 1871-80 :

Grande-Bretagne........	71	pence
France.................	79	»
Allemagne..............	82	»
Autriche...............	70	»
Russie.................	67	»
Etats-Unis.............	65	»

En réduisant ces prix en francs, au change de fr. 25.30 par livre sterling, et, en calculant, pour chacun d'eux, le pourcentage des charges militaires, que nous avons pu reconnaître, nous aurions à dresser le tableau suivant :

	Prix	Rapport des charges militaires	Prix de revient idéal avant l'imposition militaire
Russie.........	F. 7,06 18	7,71 0/0	F. 6,56
Etats-Unis......	» 6,85	0,92 »	» 6,78
Autriche.......	» 7,37 8	2,31 »	» 7,21
Grande-Bretagne	» 7,48 34	2,44 »	» 7,30
France.........	» 8,32 66	3,82 »	» 8,02
Allemagne......	» 8,64 28	2,79 »	» 8,40

L'excellent recueil italien *Annuario scientifico ed industriale* nous donne lires 22,50 comme prix moyen du blé au commencement de 1887, et, dans *La France économique,* M. Alf. de Foville rappelle qu'en 1886, époque qui correspond aux données d'où procède notre pourcentage des charges militaires, le blé se payait, par quintal, fr. 21,30 à Paris, fr. 18,85 à St-Pétersbourg, fr. 18,75 à Berlin, fr. 19,57 à Londres.

Le même calcul que ci-dessus, appliqué à ces derniers chiffres, nous donnerait donc, comme prix de revient idéal, avant l'imposition militaire :

F.	17,50	pour	la Russie
»	18,33	»	l'Allemagne
»	19,10	»	l'Angleterre
»	20,70	»	la France
»	21,60	»	l'Italie

Nous arrêtons là ces comparaisons, qui ne sont pas sans intérêt, mais dont nous ne nous sommes pas un seul instant dissimulé le caractère fatalement arbitraire. On ne peut oublier, en effet, que, pour leur donner exactement la valeur que nous cherchons, **il faudrait pouvoir contrôler dans quelle mesure les divers articles s'entre-rejettent partout les impôts qui les frappent.**

X

CONCLUSION

Lorsque nous avons voulu commencer l'élaboration de ce mémoire sur l'influence des charges militaires dans la formation des prix de revient, nous avons tôt fait de reconnaître que cette influence se trouvait, en nombre de cas, contre-balancée par des progrès considérables, de nature variée, mais affectant favorablement notre situation économique, et, en nombre d'autres cas aussi, singulièrement aggravée par des empiètements arbitraires et des anomalies économiques d'une très grande portée.

Dans ces conditions, il nous a semblé que nous devions d'abord dégager la question, que nous avions plus spécialement pour objet, de ces progrès, empiètements et anomalies, dont l'action sur les prix n'est

16

pas contestable, et sur lesquels nous n'aurions pu nous taire sans laisser dans l'ombre des faits particulièrement intéressants, au point de vue même de la question à traiter.

Toutefois, comme ces divers phénomènes, pour être complètement analysés, auraient mérité, chacun à part, un travail très étendu, nous n'avons pu songer qu'à en présenter quelques-uns, et seulement par certains côtés essentiels, n'ayant d'ailleurs eu en vue que de formuler des réserves, dont il nous paraissait indispensable d'accompagner les résultats donnés par l'étude de l'influence des charges militaires sur les prix de revient.

Tel a été l'objet de la première partie de cette étude, dès lors dégagée d'une foule de réflexions qui, pour être nécessaires, n'auraient pas moins alourdi et embarrassé notre marche par la confusion dans laquelle se seraient inévitablement offertes des observations, dont nous n'aurions pu opérer le classement en les présentant incidemment au cours de ce travail.

C'est ainsi que nous avons relevé, comme la caractéristique de nos progrès économiques, l'abaissement général, graduel et constant, mais inégalement rapide et intense des valeurs d'échange.

Nous avons apprécié le flux et le reflux des valeurs dans les divers articles, et nous avons été conduit à reconnaître des causes multiples, et souvent confuses, à la rupture d'équilibre entre la production et la consommation, dont il n'y a guère de réellement observables que les tendances générales. Du reste, la divergence d'opinion des spécialistes, et l'instabilité des cours suffisaient à démontrer l'inconstance et l'inaccessibilité des raisons immédiates du mouvement des valeurs dans chaque cas particulier.

Il nous a donc fallu regarder les moyennes statistiques générales comme résolvant ces innombrables influences partielles et temporaires, qui concourent à la formation des prix de revient ; et, prenant pour base la dépendance réciproque de la production et de la consommation, nous avons fait notre siège de cette remarque que l'altération des rapports normaux des trois termes de la production, la nature, le capital et le travail, modifie profondément cette production, et retentit considérablement sur les facultés de consommation des populations.

Nous avons été directement conduit par cette voie à considérer l'effet général et particulier des charges publiques, qui constituent une des plus graves et des plus persistantes altérations de ces rapports normaux de la nature, du capital et du travail.

Quelques considérations sur les dépenses publiques, sur les charges militaires — les plus lourdes de nos dépenses improductives — nous ont fait apprécier, en passant, le rôle normal des fonctions gouvernementales au point de vue de l'organisation économique de la société, un bon gouvernement devant être regardé comme le plus actif agent des progrès économiques, par la sécurité qu'il procure aux citoyens dans l'ordre administratif et judiciaire, et par le libre groupement qu'il permet des forces générales du pays, pour l'augmentation et l'affinement des moyens de production et des besoins de consommation.

Chemin faisant, nous avons remarqué que l'intervention gouvernementale ne mérite cependant pas toujours de se qualifier d'intérêt général, et nous avons dit un mot des excès auxquels on s'est livré sous ce rapport, notamment en ce qui concerne la protection arbitrairement accordée à une production par l'écrasement des autres industries, et nous avons tenu à bien distinguer le caractère des dépenses des Etats.

Nous avons montré les conséquences de cette intervention abusive des gouvernements dans l'organisme économique, et nous avons exposé par quelle suite de réactions et de répercussions l'infériorité d'un pays se trouvait finalement consacrée dans la concurrence universelle, grâce à ces excès.

La dérivation arbitraire des fonds d'emprunt a retenu également notre attention, et nous a fait voir la production, surtout la production agricole, singulièrement sacrifiée sous ce rapport.

Par la transformation des affaires, l'avénement de la spéculation dans tous les articles, l'instabilité des cours, le déplacement des fortunes et la démoralisation industrielle, nous avons eu occasion de toucher la question des profits et des salaires, tandis que les chiffres des budgets et des services qui s'y rattachent nous ont aidé à déterminer la position de notre étude.

C'est ainsi que nous avons porté nos regards sur divers faits importants, dont, entre autres, les progrès des chemins de fer, le mouvement des prix depuis 1840, l'inégalité des charges, les faveurs obtenues par des industries spéciales, la situation des pays australiens, l'effet des charges publiques sur les industries d'exportation, le drainage des capitaux par les fonds d'Etat au détriment de l'industrie et de la culture, le mouvement des dettes et dépenses des Etats, et enfin les avantages et la nécessité de convertir, aussi largement que possible, les emprunts publics.

Le rappel systématique des progrès accomplis dans les divers domaines du travail, de la science et des arts, opposé aux entreprises d'ordre militaire et à l'écrasement des finances des États, nous a servi à faire ressortir l'importance de la question, en nous faisant voir que notre situation générale européenne serait absolument florissante, sans le misérable esprit de militarisme qui nous domine et nous opprime.

La nature complexe de la question nous a montré la nécessité d'une revue portant sur des recherches suffisamment étendues, et destinée à fournir la justification des réserves que nous avons reconnues indispensables dans une élaboration relative à un aussi large domaine ; et, à cet égard, nous nous sommes livré à une sérieuse analyse des phénomènes principaux affectant les prix de revient, nous étant fait une loi d'appuyer notre étude de comparaisons, de dénombrements, de recherches documentaires et statistiques, propres à dégager suffisamment les divers aspects de la question et marquant bien la direction du mouvement économique.

C'est ainsi qu'en restant placé au point de vue spécial de ce travail, nous avons eu à considérer successivement une foule de faits, et notamment le développement économique de ce siècle, qui a vu l'acquisition de richesses immenses se réaliser dans l'agriculture, dans la mine et dans la manufacture, par suite des perfectionnements considérables et des inventions nombreuses qui se sont fait jour.

C'est ainsi encore que nous avons eu à considérer l'extension des moyens de transport, de communications, de crédit, et le bien-être croissant des populations, sous l'influence de ce progrès économique ; le mouvement des dettes publiques de la Grande-Bretagne, de la France et des Etats-Unis sous l'effet des guerres soutenues par ces Etats ; la réduction de la dette anglaise et de la dette américaine ; la comparaison de la politique économique de la Grande-Bretagne, de la France et des Etats-Unis ; l'effet des transports à bon marché ; la production des métaux précieux ; la disparité des valeurs, malgré la tendance au nivellement général ; l'opposition des prix de gros et des prix de détail ; l'efficacité du travail humain et les inégalités des rendements ; la concurrence internationale et ses rapports avec l'abondance des capitaux, la modération des salaires, le prix des transports, le rendement brut, le régime fiscal, la distribution des charges publiques, l'outillage, les budgets privés, le coût de l'alimentation, la consommation, et tout ce qui constitue l'inégalité des conditions d'exploitation ; la proportionnalité, l'incidence et les injustices de l'impôt ; les effets intérieurs du protectionnisme ; l'abaissement des trafics extérieurs ; le voisinage des pays riches ; le mouvement de la marine marchande américaine ; l'absurdité du protectionnisme ; la situation des industries, la production minière et la production manufacturière ; l'efficacité insuffisante du travail agricole et l'emploi restreint des machines ; les annuités usuraires ; le rôle social des populations agricoles ; le commerce parasitaire ; l'inanité des remèdes administratifs, etc.

Nous avons cru utile de nous occuper particulièrement de la regrettable contradiction qui existe entre l'abaissement, généralement observable, des prix de gros et le maintien des prix de détail ; puis, de là, passant à examiner l'efficacité du travail humain, nous avons pu noter, par le nombre et la valeur des faits présentés, l'incroyable complexité du problème qui nous est soumis, et la position extrêmement inégale des pays concurrents, par suite de leur plus ou moins satisfaisant état d'avancement économique, observation complétée par celle de la différence du régime privé et public des populations comparées.

Ce travail préliminaire véritablement indispensable, en nous faisant bien apercevoir toute l'intrication du problème posé, a dégagé utilement nos voies, en imprimant un caractère essentiellement relatif aux résultats qui nous sont soumis, et une valeur surtout morale aux appréciations que nous avons ensuite présentées en abordant directement la question.

Quelque désolante qu'ait été notre étude par les résultats qu'elle a fait passer sous nos yeux, elle n'a cependant pu nous ravir notre espérance dans un meilleur avenir.

En effet, nous avons lieu de garder notre confiance dans les destinées économiques de notre pays, lorsque nous venons à considérer, comme nous l'avons fait, que la France est en mesure de lutter avantageusement, dans la plupart des cas, contre ses concurrents du Continent d'Europe, et qu'elle est, par sa constitution démographique, dans une situation considérablement plus stable que celle de sa grande voisine.

A une époque, où l'industrie fait partout de si rapides progrès, et alors que la concurrence universelle accuse chaque jour une intensité plus grande, la suprématie industrielle de la Grande-Bretagne nous paraît devoir subir des atteintes de plus en plus sérieuses, outre qu'au point de vue social, l'affranchissement industriel des divers peuples, ses clients actuels, ne manquerait pas d'avoir un retentissement terrible parmi sa nombreuse population ouvrière.

D'un autre côté, nous n'avons pas à nous troubler en face de la concurrence, surtout agricole des pays nouveaux, parce que les questions de distances, de frais d'intermédiaires, etc., dont nous avo[illegible] déjà dit un mot nous laissent relativement peu de chose à faire, pour ne pas nous trouver en état d'infériorité vis-à-vis d'eux, d'autant plus que comme nous l'avons déjà observé, la situation des peuples nouveaux est généralement assez incommode du fait de leurs engagements financiers, publics et privés.

L'Europe, endettée vis-à-vis d'elle-même, a une situation économique bien différente de celle qui est faite aux peuples nouveaux qui l'ont pour créancière.

Un récent travail, publié par la *Banque Russe et Française*, a fourni à ce sujet, de très intéressantes données au public, en rappelant que les valeurs coloniales anglaises et les valeurs américaines représentent un capital de 49 milliards de francs emprunté à l'Europe, soit 21 milliards de francs pour les valeurs coloniales anglaises, et 28 milliards de francs pour les valeurs américaines, savoir :

	Valeurs coloniales anglaises	Valeurs américaines
	En millions de francs	
En fonds d'Etats, de provinces et de villes	10.500	5.088
En valeurs de chemins de fer	5.000	19.675
En valeurs d'entreprises diverses	5.500	3.237
	21.000	28.000

Le même travail relève comme suit, les sommes dues par chacun des Etats américains :

17.870 millions de francs, valeurs des Etats-Unis
2.010 » » du Mexique.
285 » » de l'Am. Centrale.
95 » » des Antilles.
96 » » de la Colombie.
239 » » du Venezuela.
67 » » de l'Equateur.
905 » » du Pérou.
39 » » de la Bolivie.
25 » » du Paraguay.
2.010 » » du Brésil.
652 » » de l'Uruguay.
2.589 » » de la République Argentine.
425 » » du Chili.
593 » » communes à plusieurs Etats de l'Amérique du Nord ou du Sud.

Tout est encore à faire dans ces pays nouveaux, ou, du moins, dans la plupart d'entre eux ; ils ont à s'organiser au point de vue industriel, leurs besoins d'outillage sont considérables, et ils s'empressent à les satisfaire dans la mesure de leur production agricole et minière.

Tous les peuples d'Europe s'ingénient à provoquer leurs commandes et à s'y créer des débouchés importants ; c'est ce qu'apprécie encore comme suit la circulaire dudit établissement, après avoir donné les chiffres ci-dessus relevés.

« Les avantages qu'un peuple trouve en portant » ses capitaux dans les pays neufs ne sont pas seu- » lement d'en retirer, à sûretés égales et souvent » mêmes supérieures, un intérêt plus rémunérateur, » mais aussi d'ouvrir des débouchés d'une impor- » tance croissante aux produits de son industrie.

» Les Etats de l'Amérique latine sont venus à » notre Exposition avec un empressement, une cor- » dialité, une franchise dont nous devons leur savoir » gré. Dans les nombreux et élégants pavillons qui » constituent une des originalités de cette Expo- » sition, ils étalent les produits multiples et variés » de leur sol et les richesses légendaires de leurs » mines. Dans des diagrammes, ils montrent leurs » progrès rapides et, en regard, les immenses éten- » dues non encore cultivées. Quoique le présent » donne déjà des résultats dépassant les espérances » qu'on pouvait concevoir il y a quelques années, ces » résultats ne sont rien à côté des promesses de » l'avenir. Il y a là des producteurs de matière » première et des consommateurs de produits manu- » facturés, la consommation des produits manufac- » turés augmentant en proportion directe de l'ac- » croissement de la production des matières pre- » mières.

» Partout l'Angleterre occupe la première place » et nous ne pouvons malheureusement pas songer » à la lui disputer, mais réunissons tous nos efforts

» pour conserver le second rang dans les échanges » de l'Amérique latine avec l'Europe. L'Allemagne » nous serre de très près et commence même à » nous distancer sur quelques points ; ses progrès » sont incessants pendant que nous restons station- » naires. Ce n'est que par l'intervention active et » intelligente de nos capitaux que nous pouvons » nous flatter d'améliorer notre situation commer- » ciale. »

On ne peut qu'applaudir à de telles paroles, car les fonds placés dans un but économique développent les échanges, augmentent la sécurité commerciale, capitalisent rapidement l'épargne et assurent la paix, remarques qu'on ne saurait appliquer aux fonds gaspillés dans les entreprises militaires.

Ce n'est pas qu'il faille avoir une foi absolue dans les descriptions complaisamment enchanteresses que l'on peut nous faire de la situation présente et à venir des pays nouveaux ; mais il est bien certain que c'est préparer des catastrophes que d'alimenter constamment de capitaux les caisses des Etats européens, dont les aspirations franchement militaristes détournent d'immenses sommes d'un lucratif emploi économique.

Sans nos guerres européennes, nous n'aurions pour ainsi dire aucune dette publique, ainsi que nous l'avons démontré ; mais si l'on veut apprécier par des chiffres toute l'importance de cette fatale dérivation de capitaux enlevés à l'agriculture, à l'industrie et au commerce, on le peut aisément faire en comparant avec la même circulaire de la « Banque russe et française » la relation générale en Angleterre et en France des capitaux placés en fonds d'Etats, en valeurs de chemins de fer, et en valeurs d'entreprises diverses :

« Les valeurs de toutes sortes et de tous pays » cotées à la Bourse de Londres s'élèvent à la somme » de six milliards et demi de livres sterling, soit cent » soixante-deux milliards et demi de notre monnaie » et se répartissent ainsi :

» 93 3/4 milliards de francs en fonds d'Etats, de » provinces et de villes ;

» 50 milliards de francs dans l'industrie des che- » mins de fer ;

» 18 3/4 milliards de francs en valeurs d'entre- » prises diverses.

» Le même travail donne pour la France les résul- » tats suivants :

» 67 milliards de francs en fonds d'Etats de pro- » vinces et de villes ;

» 19 milliards de francs dans l'industrie des che- » mins de fer ;

» 8 milliards de francs en valeurs d'entreprises » diverses. »

Ainsi rien que pour la Grande-Bretagne et pour la France, on voit que les fonds d'Etats, de provinces et de villes ont absorbé 160 3/4 milliards de francs, et si de ce chiffre nous défalquons les 49 milliards de francs dus par les Etats américains et par les colonies anglaises, il reste 111 1/2 milliards de francs dévorés par les Etats européens. Encore pourrions-nous ne défalquer que 31 milliards de francs, au lieu de 49 milliards, attendu que les fonds des Etats-Unis, soit 18 milliards, sont presque entièrement placés aux Etats-Unis.

C'est cette question des dettes publiques européennes qui, avec nos écrasantes charges militaires actuelles, met vraiment en péril notre civilisation tout entière.

Chaque jour qui passe voit se commettre de nouvelles fautes et s'aggraver notre situation, sans que rien nous autorise à compter sur quelque détente sérieuse.

Jusqu'où irons-nous dans cette voie ? c'est ce qu'il serait bien difficile de dire, tant l'entraînement est général ; mais on peut d'avance déterminer les conséquences de cette folie militariste, et nous ne pouvons mieux faire à cet égard que de transcrire, comme conclusion, les réflexions de M. Alfred Neymarck dans les *Dettes publiques européennes*.

. . . .

« Mais ce qui, à notre avis, ressort jusqu'à l'évi-
» dence du travail auquel nous nous sommes livrés,
» c'est que l'Europe entière avec le poids de ses
» dépenses militaires, avec la surcharge des dettes
» publiques et d'impôts qui l'écrasent marche, si elle
» persévère dans cette voie, à la guerre, à la ruine,
» à une véritable révolution industrielle et écono-
» mique. Quel que soit le pessimisme d'une telle con-

» clusion, nous ne pouvons taire nos impressions.
» La paix de l'Europe n'est à vrai dire qu'un état
» de guerre latent et cette situation qui semble la
» condition ordinaire du vieux continent pèse de
» deux manières sur le monde civilisé : elle lui en-
» lève, d'une part, une bonne partie des capitaux
» constitués par l'épargne annuelle, par le travail
» de tous, pour entretenir des soldats, acheter des
» fusils, des canons, des munitions, construire des
» forteresses, des navires ; d'autre part, elle em-
» pèche de se servir de ces capitaux énormes pour
» développer le commerce, l'industrie, le matériel
» de la production, diminuer les frais généraux de
» la nation. L'appréhension et les préparatifs de
» guerre deviennent aussi nuisibles et aussi coûteux
» que la guerre elle-même.

» Les finances de l'Europe sont tellement obérées
» qu'on peut craindre qu'elles ne conduisent fatale-
» ment les gouvernements à se demander si la
» guerre avec ses éventualités terribles ne doit pas
» être préférée au maintien d'une paix précaire et
» coûteuse. Si ce n'est point à la guerre que doivent
» aboutir les préparatifs militaires et les armements
» de l'Europe, ce pourrait bien être, ainsi que le
» disait, il y a vingt ans, lord Stanley, « à la ban-
» queroute des Etats. » Si ce n'est ni à la guerre, ni
» à la ruine que doivent conduire de semblables
» folies, c'est assurément à une révolution indus-
» trielle et économique.

» La vieille Europe lutte contre la concurrence

» des pays jeunes, riches, produisant à meilleur
» compte. Il est, au-delà de l'Océan, une République
» puissante, l'Amérique, qui a su éteindre une dette
» que les nécessités d'une grande cause lui avaient
» fait contracter ; elle offre au monde entier le
» spectacle d'une prospérité sans exemple. Tout
» récemment, le message du Président Cleveland à
» l'ouverture du Congrès a traduit le sentiment
» d'un véritable embarras de richesses. En Asie,
» tous les peuples commencent à profiter des décou-
» vertes et des progrès que l'Europe a accomplis, et
» comme dans ces pays le prix de la main-d'œuvre
» et les charges publiques sont presque nuls,
» l'Europe entière éprouvera chaque année, de plus
» en plus, les effets de l'apparition sur la scène com-
» merciale et industrielle de tous ces peuples qui
» n'ont pas à payer, tous les ans, ni quatre milliards
» et demi pour les dépenses de la guerre, ni plus de
» cinq milliards pour les intérêts de leurs dettes
» publiques. (M. Neymarck fait, ici, allusion aux
» exigences de la situation faite à tous les pays
» d'Europe).

» Le maréchal de Molke disait, récemment, au
» Reichstag, qu'à la longue les peuples ne pourront
» plus supporter les charges militaires. Il aurait pu
» ajouter que le jour où les peuples se rendront
» compte de ce que leur coûte la guerre, même lors-
» qu'elle demeure à l'état de simple risque, lorsqu'ils
» considéreront la masse croissante d'intérêts que le
» progrès jette chaque jour du côté de la paix, les

» gouvernés sauront ce jour-là dicter leur volontés
» à leurs gouvernants. Les 41 milliards d'augmen-
» tation des dettes publiques de l'Europe, depuis
» 1870, mis en regard des milliards de diminution
» de la dette de l'Amérique offrent un puissant en-
» seignement.

» Non, les peuples ne pourront plus à la longue
» supporter de tels fardeaux ; non, ils ne pourront
» plus continuer à travailler, à peiner, à souffrir, à
» élever péniblement leurs familles pour que leurs
» biens, leurs ressources, leurs épargnes, les êtres
» qui leur sont chers, soient sacrifiés et détruits par
» la guerre dans des luttes gigantesques. Ils veulent
» la paix, profiter des bienfaits qu'elle procure,
» échanger paisiblement leurs produits, commercer,
» travailler ; ils veulent tous une administration
» économe, des diminutions d'impôts.

» A ces désirs, les gouvernements répondent en
» augmentant tous les ans les charges militaires,
» les préparatifs de guerre, les charges publiques.
» Les peuples finiront par se lasser du maintien d'un
» tel état de choses qui nous ramène aux temps bar-
» bares, la civilisation qui a abattu les barrières
» entre les pays et les individus, rendu les commu-
» nications plus rapides et plus faciles, établi des
» chemins de fer et des routes, creusé des canaux,
» percé des montagnes et des isthmes, imposera la
» paix aux sociétés modernes d'une façon aussi irré-
» sistible que la guerre s'imposait aux sauvages et
» aux sociétés anciennes. »

La question reste donc posée entre l'Europe et l'Amérique sur le point de savoir si nous allons garder notre position économique, ou si nous allons nous laisser détruire par les désastreux effets de notre politique militariste.

A l'heure actuelle, et grâce aux circonstances favorables qui ont été analysées en leur lieu, nous pouvons encore lutter avec avantage ; mais il ne faut pas se dissimuler qu'avant peu nous pouvons être acculés et mis, sous bien des rapports, dans une position difficile.

La politique économique des Etats-Unis cherche à rallier la plupart des autres États américains et va tenter une application de plus en plus féroce de la fameuse doctrine de Monroë dans le but de fermer au commerce européen d'exportation les marchés de l'Amérique latine où nous traitons sur une assez large échelle.

Depuis plusieurs années de sérieux efforts ont été tentés dans ce but, et maintenant que des conventions diplomatiques et douanières vont peut-être lier les divers Etats américains, la question prend une tournure décisive.

Pour apprécier le danger que nous courons en même temps que les dispositions d'esprit des Américains dans ces matières, nous croyons bon de transcrire ici un passage de l'article de M. Joseph Chailley sur « le mouvement économique et social aux Etats-Unis » paru dans *L'Economiste français* du 1er décembre 1888.

« Le bureau des statistiques de Washington a
» publié les tableaux du commerce d'importation et
» d'exportation de l'Amérique avec tous les pays
» non européens. Le total en monte à 1,412,000,000
» dollars pour 1887, contre 1,363,000,000 en 1886,
» soit une augmentation de 49 millions de dollars.
» Dans ce total figure le commerce avec l'Amérique
» du Sud : Brésil, Mexique, République Argentine,
» etc. Pour ce dernier pays, en 1886, les exportations
» étaient de 5,021,000 dollars et les importations de
» 4,355,000, tandis qu'en 1887, les exportations se
» sont élevées à 5,911,000 et les importations à
» 4,977,000 dollars. Bénéfice : 890,000 dollars d'un
» côté et 620,000 de l'autre. On pourrait se féliciter
» de ce progrès, il n'a cependant inspiré de l'autre
» côté de l'Atlantique que des réflexions chagrines.
» On a observé que sur une somme de 700,000,000
» de dollars, à laquelle s'élève le commerce extérieur
» de l'Amérique du Sud, les Etats-Unis, en dépit de
» leur proximité, n'en prenaient qu'à peine le
» cinquième. Par exemple, à la République Argen-
» tine, la France prend 23 0/0 du commerce total, la
» Grande-Bretagne, 22 ; la Belgique, 14 ; l'Allemagne,
» 9, et les Etats-Unis seulement, 6 0/0. Dans d'autres
» pays de l'Amérique du Sud, la comparaison leur
» est encore moins avantageuse. Dans l'industrie
» des transports, leur part est absolument nulle. Sur
» 1,000 steamers qui sont entrés dans les ports de
» l'Uruguay en 1883, un seul portait pavillon
» américain. Tout le commerce des Etats-Unis avec

» ce pays qui montait à 6,400,000 dollars a été fait
» par les transports étrangers. »

Dans le même article on pouvait lire quelques lignes plus haut :

« Nous avons souvent appelé l'attention de nos
» lecteurs sur le développement inouï de la richesse
» aux Etats-Unis. Voici une série nouvelle d'exem-
» ples à l'appui. Dans le premier semestre de 1888,
» il s'est fondé environ 2,000 entreprises industrielles
» nouvelles, contre 1,850 pendant la même période
» en 1886 et 800 en 1885. Ce sont principalement
» des scieries à bois, des entreprises minières, des
» fabriques d'ustensiles et de machines, des brique-
» teries. Elles représentent un total de plus de
» 80 millions de dollars qui se répartissent de la
» façon suivante : 15 millions dans l'Alabama,
» 5 millions dans l'Arkansas, 2 millions en Floride,
» 5,700,000 en Géorgie, 13 millions en Kentucky,
» 2 millions en Louisiane, 3 millions dans le Mary-
» land, 800,000 dollars dans le Mississipi, 4 millions
» dans la Caroline du Nord, 3 millions dans celle du
» Sud, 6 millions dans le Tennessee, 11 millions
» dans le Texas, 6 millions dans la Virginie et
» 4 millions dans la Virginie occidentale. Dans l'Etat
» d'Alabama, la production du fer en saumons seule
» dépassera de beaucoup cette année celle de tous les
» produits manufacturés dans l'année 1880. En 1880,
» les produits manufacturés y avaient une valeur de
» 13 millions de dollars et les produits agricoles
» d'environ 56 millions. En 1889, la valeur des pro-

» duits manufacturés et ceux des entreprises minières » y dépassera la valeur moyenne annuelle de tous » les produits agricoles et les produits manufacturés » et miniers fourniront aux chemins de fer, cin- » quante fois autant de fret que toute la récolte de » coton. Et ce que fait l'Alabama presque tous les » Etats du Sud le font également. »

Rien n'est sérieux, on le voit, comme cette question de la concurrence éventuelle des Etats-Unis, à l'abri de laquelle nous ne sommes que grâce à la plus funeste politique intérieure qu'il soit peut-être possible d'imaginer. Mais si l'on admet qu'un vent de libéralisme économique peut souffler aux Etats-Unis, en rendant quelque liberté aux industries écrasées par la doctrine prohibitionniste, et que rien ne nous assure l'immunité dont il ne serait pas alors hors de propos de chercher le moyen pour nos producteurs, on ne peut s'empêcher de concevoir de très sérieuses craintes sur les conséquences d'une concurrence aussi favorisée que le serait, dans ce cas, la concurrence américaine, d'abord sur les marchés sud-américains et ensuite sur nos propres marchés d'Europe.

Il faudrait bien alors, coûte que coûte, mettre un terme à la progression de nos budgets, et peut-être que, cette fois, la politique d'économies et de paix aurait de sérieuses chances de s'acclimater en Europe.

En attendant, nous devons nous résigner à supporter des budgets comme ceux ci-après comparés dans *Le Rentier*, du 27 Juillet 1880, d'après le *Journal Officiel* du 18 Juillet 1880 :

Dépenses ordinaires		Budget de 1888	Budget de 1889	Budget de 1890
—		—	—	—
Dette publique	F.	1.290.835.416	1.292.319.475	1.318.248.408
Pouvoirs publics	»	13.345.083	13.090.179	13.014.048
Services généraux des ministères	»	1.326.085.391	1.358.080.612	1.362.168.833
Frais de régie, de perception et d'exploitation des impôts et revenus publics	»	325.298.547	326.651.859	320.893.085
Remboursements et restitutions, non-valeurs et primes	»	20.350.349	21.832.700	22.666.500
	F.	2.975.914.776	3.011.974.825	3.016.020.874
Budget des dépenses sur ressources spéciales	»	473.298.150	461.163.617	475.672.106
Budgets annexes	»	83.740.950	86.993.000	93.881.833
Crédits pour services spéciaux du Trésor	»	85.000.000	75.000.000	58.000.000
	F.	3.617.962.876	3.638.131.472	3.673.574.813

Puis encore, comme le dit si bien M. G. de Molinari, dans l'appendice de son bel ouvrage *La Morale Economique*, « Devons-nous remarquer que les » choses en sont arrivées à ce point qu'on s'est » demandé si la guerre elle-même ne serait pas pré- » férable au régime ruineux et démoralisateur de la » paix armée. Il en serait ainsi peut-être si une » conflagration européenne devait avoir pour consé- » quence la suppression ou tout au moins l'abaisse- » ment du risque de guerre et le désarmement. Mal- » heureusement, l'expérience nous apprend que la » guerre n'engendre pas la paix, mais la guerre. » Toute lutte entre deux nations contient, quelle » qu'en soit l'issue, le germe d'une guerre future. Ce » germe grandit pendant la trêve que l'épuisement

» de leurs forces et de leurs ressources a imposée » aux adversaires : il se développe et porte tôt ou » tard ses fruits empoisonnés. La guerre de 1870 a » augmenté la somme des haines politiques qui exis» taient auparavant en Europe. Comment la guerre » future en mettant aux prises des peuples en proie » à une animosité devenue plus violente, contribue» rait-elle à les réconcilier ? Elle les conduira proba» blement à la banqueroute, elle ne les conduira pas » au désarmement ? »

Qui sait cependant, dirons-nous, pour terminer, si la jeune Amérique, par son essor économique, n'imposera pas à l'Europe l'obligation de procéder à un désarmement général ! Un tel service rendu au genre humain, même dans ces conditions d'âpre concurrence, serait pour l'Amérique une noble manière de s'acquitter des nombreux emprunts qu'elle a faits à la civilisation européenne ; et peut-être serait-ce pour elle le pas le plus décisif vers la conquête de la prééminence universelle, que semble lui promettre, pour les siècles futurs, l'essor admirable et inouï de son activité générale, surtout au point de vue économique.

Rapprochés par un immédiat et commun péril, les Etats européens ne manqueraient pas alors d'adopter un **modus vivendi** sauvegardant, par une paix définitive, leurs intérêts et leur dignité dans une entente générale. **L'empirisme politique céderait enfin le pas à la science économique.**

TABLE DES MATIÈRES

Pages

Avant-propos 3

Concours Arturo de Marcoartu :

Conditions du Concours 9
Composition du Jury 11

Extrait du Rapport de M. Frédéric Passy 13

MÉMOIRE

§ I. Aperçu rétrospectif et doctrinal du mouvement des valeurs d'échange 27
II. La raison de l'aggravation des charges publiques et le progrès économique 55
III. La nature complexe des prix de revient 77

IV. L'inégalité de progrès et de concurrence 95
V. L'improportionnalité et l'intensité de l'impôt 119
VI. L'instabilité économique et l'insécurité sociale 139

VII. Déchéance économique de l'Europe 165
VIII. La servitude militaire et les besoins économiques et sociaux des populations 181
IX. Comparaison des charges militaires et du revenu des nations 209

X. Conclusion 241

Imprimerie du JOURNAL DU HAVRE, 9, quai d'Orléans

www.ingramcontent.com/pod-product-compliance
Lightning Source LLC
Chambersburg PA
CBHW060338200326
41519CB00011BA/1975
9782019564346